逆 袭

一个高中差生的三年奋斗史

邓祥　编著

清华大学出版社
北京

本书封面贴有清华大学出版社防伪标签，无标签者不得销售。
版权所有，侵权必究。举报：010-62782989，beiqinquan@tup.tsinghua.edu.cn。

图书在版编目(CIP)数据

逆袭：一个高中差生的三年奋斗史 / 邓祥 编著. — 北京 ：清华大学出版社，2015(2025.3重印)

ISBN 978-7-302-39135-7

Ⅰ．①逆… Ⅱ．①邓… Ⅲ．①高中生—学生生活 Ⅳ．①G635.5

中国版本图书馆CIP数据核字(2015)第017731号

责任编辑：张　艳
封面设计：李凤英
版式设计：方加青
责任校对：邵怡心
责任印制：杨　艳

出版发行：清华大学出版社
网　　址：https://www.tup.com.cn，https://www.wqxuetang.com
地　　址：北京清华大学学研大厦A座　　邮　编：100084
社 总 机：010-83470000　　邮　购：010-62786544
投稿与读者服务：010-62776969，c-service@tup.tsinghua.edu.cn
质 量 反 馈：010-62772015，zhiliang@tup.tsinghua.edu.cn
课 件 下 载：https://www.tup.com.cn，010-62796865

印 装 者：三河市铭诚印务有限公司
经　　销：全国新华书店
开　　本：148mm×210mm　　印　张：6.5　　字　数：130千字
版　　次：2015年1月第1版　　印　次：2025年3月第28次印刷
定　　价：39.00元

产品编号：057948-03

前言

我总认为高考是一个人的战斗。

在这条路上,谁先放弃了,谁就提前倒下了。

曾经我放弃过,抱怨过,痛恨过,考过倒数,挨过骂,最后我跟自己说,如果连学习这么简单的事都不能完成,你还凭什么去拥有其他梦想?

高三的最后时日,我把自己变成了拼命三郎,在我的桌子上贴着各种写满奋斗语录的小纸条,有一条至今还记忆犹新:"生命不息,战斗不止!"它是我整个高中最真实的写照。

如今不管走到哪里,不管遇到什么

困难，它都会给予我战胜一切的信心。

三年来，谢谢那些怀疑我，鄙视我，在我失败时落井下石的人，是你们给我以斗志。谢谢那些一直鼓励和支持我的人，是你们给我以信心，让我在高考的征程中一直充满十分的斗志，用百分的战力去克服一个个失败。

人总要成长，高考就像一个催熟剂，让我成长，让我成熟，让我在饱受委屈与辛酸中浴火重生。这里眼泪毫无用武之地，它太过拥挤，没有眼泪的空间，哭只能在心里。伤心了，难过了，朝自己哭，心脏在哪里，就在哪里哭，因为那里最痛，痛了才能记住所犯的错，才能奋发而起。

高考，这样的故事还在不停地上演。我的高考，已经画上了一个圆满的句号，你们的高考还只是开始……

本书由邓祥组织编写，同时参与编写的还有张昆，在此一并表示感谢。

目录

1 | 高一篇

这样的混沌生活不是我想要的 // 2

是生存还是毁灭 // 5

停电后,我看到了她清秀的脸 // 9

英语,第一次给了我学习的信心 // 12

学习数学的苦恼 // 17

再战数学 // 22

我的数学及格了 // 27

我进光荣榜了 // 34

学习物理的困惑 // 42

理科第一关,物理大关 // 46

迟到的惊喜 // 52

为我的高一写些什么 // 58

61 | 高二篇

　　班主任和我在高二开学的谈话 // 62

　　我告诉自己要坚持 // 69

　　迟到的梦想 // 75

　　为期中考试正名 // 81

　　期中考试为我正名 // 88

　　高中的第二个寒假 // 95

　　我对学习各科知识的感悟 // 100

　　一个差生的质变 // 108

　　再尝胜果 // 116

　　日夜兼程 // 122

　　高中的第二个暑假 // 125

129 | 高三篇

　　高三，我来了 // 130

　　不会出现的意外 // 134

冷落 // 140

再一次在数学上失败 // 147

太阳下的誓言 // 153

我又进前十了 // 160

青春交响曲 // 167

孤注一掷 // 173

破晓 // 180

187 | 附录

分享我的学习技巧 // 188

如何培养好的学习心态 // 191

具体学科答疑 // 194

高一篇

这样的混沌生活不是我想要的

时间定格在2011年夏天。

这年夏天我拿到了我们县重点高中——HZ中学录取通知书。红色的壳子十分显眼，它不仅证明我的初中时代已经结束，也告诉我将踏入更大的征程，那里有一个叫作"高考"的巨大门槛等我跨过去。

刚到HZ中学的时候，我还是秉承初中的学习方法，上课认真听老师讲课，下课按质按量完成老师布置的作业。一有时间就投入到自己的精神文明建设中——看各种文学、时尚杂志，古今中外著名的小说。

可连续的两次打击证明我是错误的。

第一次打击是当我看到老师手上名单的时候，那个名单是按照中考成绩高低排序的。当时，我的中考成绩在我们初中排名是年级第三。当我怀着兴奋和一丝骄傲去看班主任手上的名单时，瞬间心跌至低谷。全班58人，我排在第30位，中等偏下。这样的成绩对于一个在初中经常被老师夸赞的学生来说，打击是巨大的。尽管我心有不甘，但是这是真真切切摆在我面前的事实；尽管我委屈，但这种感情也只能埋在自己的心里。我告诉自己，要一个个超越，这是我进入高中后给自己定下的第一个目标。

第二次打击是班主任兼数学老师第一次给我们上课。数学老师凭借丰富的教学经验，上课从来不带课本，信手拈来。由于之前一段时间我一直活跃在军训中，闲暇时间一般都在看杂志、听歌，悠闲自在了好一阵。虽然新书发了一个多星期，我动都没动过。于是，就这样让我置身尴尬的局面当中，当周围的同学很容易地回答出老师的提问时，我把书翻得"格格"响，但始终也找不到老师具体讲到了哪里。第一节数学课就这样在忐忑不安中过去，课后我费了很大的劲才搞懂了老师上课时所讲的内容的其中一部分。

高一的时候没有分班，文理双修。好不容易刚把数学老师第一堂课上所讲的知识搞到一知半解，那边的物理又兜头抛来若干问题。直到第二节晚自习结束，也不过是把一天来老师上课所授的内容大致看了一遍。第二天，我有幸被数学老师叫上讲台去解题，瞪着黑板上老师给出的题目半天，拼命地搜索脑中的记忆，九年来的所学所知，全都派不上用场。第一个上讲台，最后一个下来。当数学老师示意我可以下去的时候，眼睛里有了一丝愠怒。而我，更是无法面对讲台下面那57双眼睛，自尊心严重受打击。其实这是他上课的特点，出一个题目，用到的是上一节的基础知识，下一节的解题思路，不预习课本，根本解决不了。

在上其他课的时候偷偷地看数学，这是我在初中经常用的方法之一，在这里根本行不通。各科老师上课时的声音都很大，根本没有办法静下心来；另外，看周围同学都在认真听讲，无形中给自己造成了一种莫名的压力。最后的结果是，不仅数学垮了，连带着其他科目也被拖垮了。

由于一时无法适应高中的教学方式，班级里开始出现一部分这样的学生——只要老师不点名到黑板前解题，他们就可以蒙混过去。

课后继续说说笑笑，而我就是其中一位。那时，我自以为自己很幸运。上课时只要我低着头，数学老师就不会再让我上去做题。

一周后，第一次数学测验，我们用的是100分的试卷，我考了59分。当时这个成绩刚好比最后一名58分多一分。尽管班主任没有把后20份试卷的分数当众读出，但最后还是特地点了我和另外那个同学的名字，毕竟全班就我俩不及格。拿着这张59分的试卷，让我有了一种错误的认知——是班主任故意让我不及格的。于是，我满试卷找老师的批改漏洞，客观题找不到，就找主观题，把同桌的试卷拿来一个个对照。"功夫不负有心人"，经过再三审查，终于在一个主观题上发现了老师的批阅漏洞。这说明我是可以及格的，我为自己找到了一个自我安慰的借口，进行自我精神麻痹。因此，我并没有为自己在数学上的失利而改变自己的打算。对于当时那个备受同学瞩目考取99分高分的骄子，我同样给予不屑。

这种混沌的生活持续到第一次月考的失败。此时，我方有所悟，内心深处有种痛楚在提醒我，只有通过不断地奋斗，才能有尊严地生活在老师与同学们之间。我不能再这么混沌地持续下去，否则，我如何有勇气迎接那个未知的高考，又如何达成我曾经定下的高考目标。也就是从这一天起，我养成了每天一次自省的习惯。具体的做法就是，对一天所学的知识进行全方面的审查，哪些地方没有搞懂，哪些地方需要花时间细看，并把明天的学习计划提前安排，课间10分钟和中午的午睡时间也要充分利用。同时，寻找那些与成绩好的同学产生差距的原因，重新审视自身的缺陷，合理分配自己的时间。经过这样的一个调整，我的各科成绩得以稳步提升。

是生存还是毁灭

第一次月考强烈地动摇了我的自信。这份自信就像一个在黑暗中行走的人的信仰。一个没有信仰的人，很容易在现实中迷失，失去自我。而此时，我正扮演着这样的角色。

HZ中学的考试十分频繁，学校经常举行大型的摸底考试，好掌握学生在这段时间的学习情况。第一个月，我就撞枪口了。总共考了9门，3门亮红灯，3门刚及格，其他的3门只能说是勉强说得过去。唯一值得高兴的地方就是历史考得还不错，但这并不能成为我可以骄傲的资本，只能说我们的运气比较好，历史老师事先给我们划的重点都是考试内容，在这种情况下，我才考了82分。

在数学老师的"威逼利诱"下，数学勉强通过了考试，刚好90分。英语、物理、政治都亮了红灯。英语刚好考了150分的一半，物理分数低得说不出口。政治虽然考了50分，却没有任何的伤心，因为考全年级倒数第一的那个家伙也是我们班的，政治只考了49分。如果说这次考试，我还有什么值得高兴的地方，就是政治考得比他多了，不过，这也主要是因为他的政治试卷后面的两个大题都没做。

第一次月考结束后的几天里，也是大家讨论成绩最凶的时候。一个月前，高中对于我们来说没有什么概念，虽然知道有那么一个事物存在，也如井中月、雾里花般探不到，摸不着。这次是真真切切地感觉到了它的存在，它就在我们身边，以一个旁观者的眼光看我们在高考这个征程中如何跌倒、如何失败，然后它可以站在一个高度俯视我们、蔑视我们。

在同学面前，我装出不在乎成绩的样子，看杂志，和周围同样不在乎的人一起聊杂志里的人物，谁出了新书，谁的小说卖得很好，说音乐，话电影，自以为这样的生活还算充实。第一次月考之后的三天，我一直在干这些事情，它们就是我的全部。其他什么都不想管，安安静静地一个人过自己的生活。

我们的月考是全校型的，高一高二所有学生都要参加，高三另行安排。高三在HZ中学是个特殊的群体，没有音乐课，没有体育课，一个星期放一个下午的假。他们同样拥有诸多的特权，早上不用打扫卫生，学校什么会议，什么讲课，他们都可以不去，这些特权曾经是我一直想要的。三年后，我也到了高三，享受诸多特权，却发现和别人说一句话都变成了奢侈。

学校在这三天时间里做了个历史性的决定，也是从那天开始，这个决定成了HZ中学的一个日常事务。三天后，在我们的大门前，有了三块巨大的光荣榜。上面是这次考试前三百名学生的班级和名字，换句话说，进了这个光荣榜的人，就走进了老师的视线，成为学校重点培养的对象。学校在这一天特意向校外人员开放，陪读的家长和周围开店的人都来观看HZ中学的"盛事"。除了HZ中学的50年校庆和一年一度的冬季运动会，就属公布成绩的时候学校的人流量最多了。从教室到校大门，堪比一个发达城市的劳务市场。不同的是他们找的不是工作,而是那个排在最前面的孩子,还有自己子女以及周围朋友子女的名字。

三天后的一个晚上,我接到了老妈的电话。隔壁王阿姨又在小区里吹嘘她女儿考得怎么样好了,都进前十了,她没有看到我的名字。老妈问我是怎么回事,我随便找了借口搪塞老妈。老妈不想给我太多的压力,也没有说什么,而这种无言的谴责让我更加感觉愧对他们。

班主任对这次班级的整体成绩还是很满意的。在班级里通报了一下取得的优秀成绩,前十名有5个是我们班的,前五名有3个是我们班的。各科成绩除了英语和政治以外,不是第一就是第二。最后加了一句话,同时全年级倒数十名我们班也占了3个。倒数十名,我在问自己,我又在不在其中呢?班主任的一席话在我心里激起千重浪,我害怕看到班级的成绩表,同时也期望看到成绩表,它能告诉我,我不是那个排名倒数的人。

那段日子我不知道是怎么熬过来的。我用三天的时间去平复第一次月考在我心里留下的伤痕,当班主任说完那段话后,我又逼迫自己重新回到正常学习的轨道上。有那么一下子,我变得沉默寡言了,埋头学习。先是把第一次月考各科的试卷重新做一遍,不懂的就问身边会的人,一次同桌笑着跟我说:"哟,阿斗也知道努力了。"阿斗?原来前段时间我在他心里是这个角色——扶不起的阿斗。我笑着回答:"我可不想做乐不思蜀的阿斗。"

各科老师用这个星期余下的时间把试卷都讲了一遍。我很认真地做着笔记,不懂的地方自己先琢磨着,有时一节课就盯着题目看，脑子想出一个解决办法，在纸上演算，出错，否定，继续思考。那段时间我一直在锻炼自己的耐心和坚韧，也是为了让我的精神尽快融入到高中的课本中，毕竟别人讲的永远没有自己思考出来的东西深刻。

　　有次我花了两节课研究一道数学题，实在想不出思路，就把题放在一边，随手从众多书里抽出一本莎士比亚四大悲剧之一的《哈姆雷特》，上面有句话是这样的："生存还是毁灭，这是个问题。"想想自己，现在不也是遇到这样的难题了吗？哈姆雷特即使最后死了，也达到了他的目的。我相信我的努力总会有一个结果，我人生的剧情该向哪个方向发展，这不是我能决定的，我只有尽自己的最大的努力去迎接它给我的挑战。我们每天都在自己的舞台上演一场戏，我想让它精彩，让它吸引人，多些观众，多些掌声，哪怕是自我鼓掌！

停电后，我看到了她清秀的脸

第一次月考结束后的第二个星期，我真正进入了紧张的学习状态，不为别的，就为了能够在光荣榜上露个脸，这不是虚荣心的问题，而是自我证明的好胜心。后来上大学，学长就告诉我，人生不过是一个寻找被肯定的过程。就像基督教徒信奉人生下来就是为了赎罪一样，我们一开始就是为了证明自己。

在这段时间，学校"光荣"地给我们停了一次电。HZ中学在电路上做了充足的准备，不仅有两条不同的线路，还有自带的发电机。那天晚上，两条线路鬼使神差地都断电了，老师们期待的发电机也出了故障。

由于它特殊的地理环境，教室暗暗的。除非遇到圆月，平时是进不了一点月光的。周围的同学都在聊天，各种新闻敏感话题，一个个刺激着我的耳膜。我实在是忍不下去了，自然加入他们的讨论中。天高任鸟飞，海阔凭鱼跃。一和他们聊起来，就忘了时间，忘了自我。期间班主任只是象征性地说了一句："你们小点声。"

等我反应过来的时候已经是第二节自习将要结束的时候，也说累了，舒展一下筋骨，活血通络。

我朝前排的人群看了看，只有几个人在小声地讨论题目，其他人都安静了下来，在黑暗里做着力所能及的事。突然有一束光吸引了我的注意，它就像万绿丛中一点红一样，独立特殊。我看见了一张脸，一张清秀娇好，因为书本反射的光而更加清晰的脸。爱美之心，人皆有之。有的人是希望自己变美，有的人是欣赏美。而我是后者。

那张清秀的脸一刻不离地盯着书本上的题目，随着思考的深入而起变化。时而舒展笑颜，时而眉头紧皱，时而远望放松瞳孔，时而陷入一场情景剧中。当我清醒过来的时候，发现这一切不过是我的意淫，除了手中的笔在蓝白线交叉的笔记本上勾勒涂抹外，她就像米开朗基罗的一座完美的雕塑，在那里一动不动，没有任何的动作。也许她正在这个我们给予的闹市中用思想创作出一幅绝世之作。虽然是一两个公式或者是一个英语单词，但她笔墨的线条都让人浮想联翩。

想到这里，我的自卑心就上来了。不是没有勇气上去和她说一句话，而是我们中间隔了四排桌子的距离，而这个距离我今天还没有办法逾越。这不是一个卓文君和司马相如的故事，也不是一个梁山伯和祝英台的故事，无关门第，无关家仇国恨，有的是中等偏下这个群体和上等群体之间的差距。

在我再次望过去的时候，她正和后面的一个男生讨论问题。我迅速收回了目光，害怕被发现。那个男生能够坐在那个位置，是因为在第一次月考中，他从中等偏下考进了班级前十。星期一班主任点名夸奖了他，还让他站上讲台讲学习经验。他口才不是很好，但他引起了所有人的关注：后排男生的嫉妒，前排女生的羡慕。

如果问我什么时候开始想超越一个人，就是这个时候。我想近距离看看那张脸，多么期待她的一个转身，问我一个问题，我们再一起讨论解决。这个目标在高二刚开学时实现了，如今和她成了很好的异性朋友，只是那个晚上的事我从来没和她说过。

自我反省一番后，我发现自我控制力差，看了很多提升自控力方面的书，都不得要领。以前会在桌子上放几本励志类小说或者散文之类的书。上了高中后，班主任不止一次跟我说："把它们收了，这里没有它们存活的土壤。"

我后来采取了流水式学习。看累了一个科目就换另一个科目，毕竟有九门的知识需要我学习。对于分班，那时我们毫无概念，因为光荣榜上的成绩是九门课的总和。做出一个难题，再在草稿纸上抄一遍题目，再把整个过程默写一遍，加深记忆。到后来，上了高三，由于时间问题，只写解题流程，哪些地方需要注意细节，哪些地方可以有更好的解决办法，在资料书上画出来，做标记，回头翻阅的时候看了标记就知道这里很重要。

我很喜欢小学课本里一篇文章里的一句话："小心，注意，总结，提高。"这对于我后面的学习很有帮助，按照这个流程来学习知识，起码把我从中等偏下拉到了中等偏上。虽然在高考这个征程中只是一小步，但对于接近那张脸来说却是一大步。为了这一大步，我辛勤地耕耘这片土地，让温室里的花能够在土里吸收室外阳光的营养，茁壮生长，好去迎接更大的挑战。

英语，第一次给了我学习的信心

那时候，英语不光是对于我，对于整个班级来说，都是一个亟需解决的问题。第一次月考全班英语惨败，平均分在14个班中名列倒数，全班及格人数寥寥无几。就像班主任对我们说的那样："我没想到的是，你们能够在历史和地理上取得那么好的成绩，同时更没想到英语会考得这么差，几乎全军覆没。"

那时候有个大家都默认的事实，班主任所带的科目决定了这个班级在分班时候的走向：是理科班还是文科班。我们班主任当初带的是数学，自然而然以后分班的时候，我们班将是理科班。文科老师在理科班上课一般没有在文科班尽心，用他们的话说："没必要把这么宝贵的时间浪费在以后不考的科目上。"他们不会逼你做作业甚至不布置作业，照本宣科，意思意思就行。而理科老师给我们上课很少拿课本，书上的概念他们都记得特别清楚，讲一会课马上用例题分析，然后打开练习册，进行实战演练。他们会布置大量的作业，定期批改作业。因此我们班能够在历史和地理上取得那么好的成绩，所有人都始料未及。

2011年11月末，在这间简陋的教室里，全班进行了一次轰轰烈烈的英语攻坚战。我在这场攻坚战上赢得了高中的第一份自信，虽然是一次小小的测验，但是它对于我的意义非常重大，可以说是久旱逢甘雨。

英语老师是这场攻坚战当之无愧的主角。她比任何人都担心，着急。这无关她的教学水平，也无关我们的智商。她同时教了两个班，另一个班的英语平均分排年级第二。究其原因，是我们不够重视，仍然抱着过去学习英语的老办法，守着一筐单词，一个个地解答意思。看到熟悉的单词没有缘由就选它了，最后仔细分析起来，把整句话翻译成汉语，会发现诸如"一只猪在饭店吃霸王餐"这样的句子。当英语老师翻译出来的时候，笑倒一片。这就是所谓的中国式翻译，当一个初学英语者得不到一个老师正确的指引时，这个过程是必将经历的，本人在这个过程徘徊了数年。问题积累了一大堆，一时暴露出来，手足无措。

英语老师给我们下了死任务，每天早上英语早读的时候要把当天学的文章读熟，上课的时候会抽查。那时候我的英语基础很差，英语单词对于我来说，已经是一个很难跨过去的门槛。而课文里的一句话，就像是一座害怕仰望的大山。

每天早上，勤劳的英语老师都会早早地来到教室，一圈又一圈地绕着教室转。那时候我们的英语老师脾气比较大，恨铁不成钢的意味很浓，所以大家都怕她。只要英语老师往教室里一站，一种莫名的气场就把我们都hold住了。这时候，我毫无办法，只能逼迫着自己去试着读课文里的句子。那个感觉，就像是一个刚认识几个大字的一年级学生读鲁迅的文章一样晦涩难懂。不光是难懂，读起来都有点艰难。

为了在英语上赶上其他的班级，英语老师充分利用上了晚饭和晚自习中间的时间。那些天，英语老师六点整都会到教室里，这时候，晚读英语的习惯就这样形成了。

从后面的几番考试看来，晚读对于英语的学习很有作用。任何一门语言都是通过交流而产生的，而学习语言，首先必须培养自己敢于读出书本上文字的信心，然后就是与人交流。英语的学习也是如此，我们周围没有学习英语的环境，那么我们就自己创造一个这样的环境。当你周围的人都投入到这种语言环境中的时候，你对于这门语言的感触力就会逐渐上升。

对于中国学生来说，学习英语只是为了应付考试，当然，少数有出国留学打算的学生除外。因此出于这方面的考虑，对于英语学习的目标和方法，我们都略有迥异。那时候做的最多的就是看英文电影，听英文歌曲，从视觉和听觉方面感受英语和汉语的不同之处。不能否认，这些方法对于英语的学习都是有极大帮助的，但是我认为这些对高中阶段的学习说起来就有点不切实际。

高中的学习时间应该算是比较紧的。没分班前，文理双修，科目多而杂。分班后，随着专业科目的深入学习，对学生掌握知识点的要求就比较高了。这些都需要我们花大量的时间去琢磨。而在高中，老师怕影响学习，对于手机等高科技设备的携带都是有严格要求的。没有时间和设备，上述方法就不了了之了。如果为了更深入地学习，在大学里需要考四六级，或者想考外国语学院的学生可以在这方面下功夫，毕竟这对于他们以后的学习会有帮助。

要学好英语，最重要的当然是培养学习英语的兴趣。我不知道大声读英语对于其他人有没有帮助，我知道自己通过大声读英语，起码在英语的学习上，勇敢迈出了第一步，也是非常重要的一步。从此之后，我可以完整地用英语写出一句话，慢慢地，我学会了用英语表达我心里的想法。

学习英语，单词是第一步，课文是第二步。掌握英语单词后，我开始尝试着读课文，进而背课文里的段落。这种效果很好，背了几篇课文，做试卷的时候，一种莫名的熟悉感就上来了，这应该就是所谓的语感吧。语感有了，只能说明我才刚刚入门，后面就是真正的抛弃感觉，把一句话当作是一个数学题去分析，套用什么样的模版、什么样的公式去导出最后的答案。这里的模板相当于句型，公式相当于固定短语了。这个对于单项选择极有帮助。做到了这点，才算是把英语的学习与理论学习相结合了起来。

刚开始，我学习英语的句型非常吃力，像什么虚拟句型、定语从句、状语从句……听着这些名字就头疼。因为我们以前并没有系统地学过语言的架构，包括母语——汉语，都是凭借天然养成的感觉去遣词造句，所以学英语都是从零开始。高一的时候，对于英语句型的学习并没有那么深入，学习英语还停留在短语和语感的培养。但是这样已经足够我应付当时的考试了。

那段时间，我在英语学习上花了很大的工夫，终于取得了不小的进步。英语单元考试很快就到了。考试前，我在心里默念了"冷静"十遍，卷子发下来，稍微把整张卷子浏览了一遍，便开始心无杂念地答题了。前面的听力没有太大的进步，还是一知半解，仿佛所有的答案都似曾相识，却偏偏拿捏不准，最后只能凭第一感赌上一局。单元出卷，单项选择限制比较大，因此我做起来比较顺手，很多都是固定搭配，读起来朗朗上口，意思差不多就行了，十有八九是正确的。后面的完形和阅读凭感觉了，觉得没什么进步，做到作文的时候，就发现自己遣词造句的能力有很大的提升。平时半天憋不出一个词，现在很快就能完成80个单词的写作。

这次英语单元测试下来，我破天荒地进了班级前五。当时我心里非常高兴，在我的人生格言里，一直信奉一句话："只有成功者才有资格说一分耕耘一份收获。"它就如你的信仰，只有你看到了信仰的价值，你才会一直信奉下去。这次考试让我看到了前进的方向，跟着这个方向走，我最终就能实现心底那个梦想。

学习数学的苦恼

在英语学习上获得的小小成绩并没有阻挡住我在数学成绩上的颓败之势，以至于我对教室那块大大的黑板都有恐惧症，每当到我擦黑板的时候，我都会重重地给它两黑板擦，泄愤！

我上初中的时候，所学的科目比较少，要考试的科目就更少，有大量的时间去琢磨数学这门学科。到了高一学习阶段，文理不分科，学习时间被分割得很细，即便如此，还是没有哪一天能够圆满地完成心里订的计划。每每觉得20分钟能够做出的一个大题，往往30分钟都难想出一个解决办法，刚开始接触高中的数学犹是如此。这就是一个量变产生质变的过程，说不定哪天，我就顿悟了。那时我经常这样安慰自己，但往往是越安慰越糟。

我初中的数学成绩并不是很差，发挥超常的时候我拿过满分。好汉不提当年勇，现在我在数学学习上就是一个白痴。当一个白痴不甘心做一个白痴的时候，他总能闹出些什么。我就是这样一个不甘心做白痴的人。

当时全班有偏理科的现象，根据这个学校的传统，我们班在高二分班的时候肯定是理科班，不学理科的学生就得转班级。读理科的学生主要是出于两个原因的考虑：一个原因是和身边的同学待了一年，怕到了一个陌生的环境一时间无法适应，毕竟在高中的第一份感情已经献给了这个班级；另一个原因也是最现实的原因，理科生比文科生好找工作。就像当时我们语文老师讲的那样，我们学校读文科的学生都是朝着公务员方向发展的，平时说话都是官模官样。在现实情况下，这条独木舟明显是超载了。而我们的理想都很简单，考个好大学，找一份好工作，养活家人。

对于一个学理科的学生来说，如果你的数学过不了关，就会连带着物理、化学、生物都有学习障碍，在物理后续的学习上尤其体现数学的重要性。第二次月考前，我把文科的学习时间缩减了一下，缩减出来的时间都放在数学的学习上。所谓的学习方法就是没有方法，多做了十几道题，比原来的一知半解略微好了点。慢慢地，我发觉了和初中数学知识的一些共同点。

第二次月考在紧张而急促的考试铃声中结束了，我如释重负地趴在桌子上睡了一觉，等待着最终的审判。这个月，我为英语疯狂过，知道了英语里的一句话，"No pains, no gains"。

虽然我在英语上的突出进步获得了英语老师的表扬，但在数学上，依旧在两次单元考试中停步不前，考的分数在及格线左右徘徊。这些数据唯一的特点就是离散性小，稳定！其他科目还是浑浑噩噩地学习着，一个经常经受打击的心渐渐习惯了底层的生活，没有阳光下的喧闹，没有青春路上自由自在地奔跑。

像早已既定的结局那样，第二次月考再次考得不理想。数学150分的试卷考了七十几分，由于把文科的时间挪到了理科学习上，文科的总体分数也下降了不少。唯一值得高兴的是，英语自从上次单元测试以后，一直保持在前五的成绩。心情随着考试成绩的出来瞬间降到了最低点，这时候前后左右的同学讨论最多的就是分数，平时一起玩得开心的朋友都加入了这次集体大讨论中。

教室倒数几排的同学都在翻看和试卷无关的杂志和电子书，他们构建自己的舞台，和那些不合时宜的表演。前面的学生都在激烈地讨论着试卷上的题目，说话者表达自己的立场时慷慨激昂，不管理论能不能压倒对方，起码在声音上不输给对方。听者时而愤怒，时而迷惑，时而一拍手，恍然大悟。

我坐在教室后几排的边缘地带，一两天之内，我并不想任何事物来打扰我的睡眠。与其说是给心灵的一次放逐，不如说是在逃避现实中的诸多无奈。每次在前进的路上遇挫的时候，我都试着找些理由说服自己继续去努力、去奋斗，抛弃因为失败而产生的负面情绪。

前十年，我一直活在心情的阴影下。心情支配着身体去做某些事情，碌碌无为也罢，功成名就也罢，都由我的心情决定这个走向。在这个新环境下，我是一无所有，但是我害怕失败，特别是努力后的失败。

我面临一个选择，是继续坐在这个边缘地带，然后彻底融入后面几排人的生活，还是继续在失败的海洋里尝试爬起，奋起直追？

我不知道我的付出还能不能得到回报，我不知道我的坚持是否还有意义，我不知道失败这条路有多长，有多远？

心里有种冲动在排斥着我现在的生活，也许当我低下头说"你赢了"的时候，我就不会有如此多的烦恼、纠结和挣扎。以后三年的生活会变得特别的简单，活在自己的世界里，别人的不屑和轻视都当作是禁不起阳光照射的雾气，凝结成水滴落入尘土，化作万千尘埃里的一员。

那几天，我的心里一直在解这个命题。它比我遇到的任何数学题都要难解，因为没有谁能告诉我标准答案。

又是一个周末，接了老妈的一个电话。其实每次通电话，说来说去就那么几个问号和那么几个句号，老妈照常和我说了她在外面的工作情况，也没问我的学习怎么样。很早以前，她就和我说过，学习是自己的事，无关他人，理解他人首先要认识自己。这是我作为一个差生唯一值得高兴和悲哀的地方。

这次和老妈的通话说起了小时候的一件趣事。每逢夏天的晚上，同村的小孩最大的乐趣莫过于聚在一起捉萤火虫，那时候比谁抓的萤火虫最多，然后全部聚集在一起放了。那时候也不知道这样做是为了什么，只知道那么多的萤火虫飞起来很好看。大人们最喜欢问的话就是："孩子，你长大了要做什么？"我的回答是："做那只最亮的萤火虫。"

最亮的萤火虫？这不就是我小时候的梦想吗？长大后，有次在《读者》里看到丘吉尔的一句名言："我们都是虫子，但我是一只萤火虫。"这只萤火虫必须有非人一般的意志和超人一般的坚韧。

老妈的电话把我带入了以前的回忆中。当时想想，我以前的生活也不尽是愉快的，可是回忆起来，尽是些美好的片段。过去的十几年，就像一部电影，诉说着人类最质朴、最原始的幸福。学习也是如此，曾经我的英语也是一团糟，可是留在我脑子里最深的还是我考进前五名的时候，老师的那句表扬和同学眼中那抹溢于言表的赞赏。

那次，我的数学考得不理想，随着时间的流逝，它会深深地印在我的脑海里。就像我现在坐在这里给大家写我的高中生活一样，我曾经失败过，但于我现在的成功而言，那些不愉快的事情都会变成美好的回忆，哪怕是失败都会是一笔珍贵的财富。它曾经横亘在我人生前进的道路上，它是如此高大，以至于我感到恐惧，无能为力。现在想想，它除了让我的心变得更加坚强，也没什么。

我曾经一度因为自己在数学上花了时间而没有得到应有的回报，对命运耿耿于怀，并由耿耿于怀而产生害怕心理。后来我开始让自己冷静下来，认真审视我在这段时间的学习情况，发现我在做题上加大了分量，而在理解上却减少了力度。做的会一半，没做的一点不会。在重要公式推导上，总是得过且过，没有认真对待。因而有的时候即便是试卷上有书上公式推导的时候，还是一知半解，似曾相识，又忘了关键步骤，画龙点睛的一笔不知道往哪点。这应该是初学高中数学的人经常遇到的情况。

记得一个诗人说过，过去那些愉快的、不愉快的，随着时间的推移都会变成美好的回忆。我以前在数学上的失败都将成为过去，唯一要做的是吸取教训，倔强地在这条路上一直走下去。任何人都需要一个证明，尖子生是，差生也是。

再战数学

大本钟的指针上标注着人类生活的一天24个小时，我床头的闹钟精确地筹划着我的一天24个小时。人们说一个成功的男人身后必有一个支持他的女人，一个成功的学生背后何尝没有一个闹钟？

第二次月考结束了，各科老师对试卷进行了详细的讲解和分析。这时候很多人都觉得索然无味，因为往往这时候，一个简单的试题可能讲一节课。人都喜欢往自己熟悉的地方延伸，老师也不例外。一个试题讲完，他们的高中生活或者大学生活才讲了冰山一角。

老师的故事变相地给了他和我们一个缓冲时间，毕竟试卷上的题目就那么多，和同学讨论讨论，再自己琢磨琢磨就过了。但是一次考试就像是一次远征，到了目的地，身体和精神都疲了。后来到了高三才知道，考试就像是徒步环游世界，没有边际。

与其他人不同，我必须利用这个时间继续奋战在数学上。对于一个差生来说，任何问题都是时间问题。我经常感觉时间不够，有很多事情等着我去做。我不是救世主，却比救世主还忙。可等到了考试结果出来后，我才发现并没有那么多的观众，连仅有的几个观众都是戴着有色眼镜。

想在闹市中独善其身并不是件容易的事，昔日的朋友都在旁边大侃特侃，从北边的食堂，谈到南边的厕所，无所不吹。我现在要做的就是装大尾巴狼，逐渐远离他们话题的诱惑。一个差生想扮演一个尖子生，首先要临摹他们思考问题的姿态，前面第三排的学生刚好给了我参照。老师说过，那个位子是我们班的黄金地段，越挖金子越多。那似乎是我们这种差生梦寐以求的地方，坐到那个位子，就说明，我们离名牌大学不远了。

现在想想那段时间，我一直以一个陌生人的姿态存在于我周围的环境中。这次体验给我带来的好处是让我学会怎样在闹市中安静地学习，也就是完全融入到书中的内容中，累了疲了望望前面第三排的学生，再次找到了沉默的理由。亚里士多德说过，耐得住寂寞的人是了不起的生物。

但是，经得起孤独的考验不代表你就能把学习搞上去，我还得有付出。想要改变这种状况，我就要比别人付出加倍的努力。

这几次数学考试的连续失败，归根结底是对知识理解得不够透彻，说白了，就是抱着一种侥幸心理，只看到事物的表面，死记硬背一些公式。一旦到了考试中，这些公式就像无头的苍蝇，胡乱地飞个不停。在平时，可能花点时间，最终也能导出最后的答案。但是到了考试那种紧张的环境中，稍有问题影响了心情，或者是整套试卷不走寻常路，头脑一发蒙，手一哆嗦，便忘得差不多了。

在这种情况下，我当时的做法是捧着数学书，把之前学过的内容又温习了一遍。传统中国教育提倡"书读百遍，其义自见"，"温故而知新，可以为师矣"，其必然是有一定道理的。在上高中之前，我的学习方法是以书本为主，很少去买辅导书，买的都是些了解社会动态的杂志和青春文学类的小小说。上高中后，知识面逐渐扩大，试卷上的题型也是千奇百怪，参考书就成了必需品。

这次看书，当然不是像做英语快速阅读的浏览式，而是开始补缺补差，把前后所学的知识串联起来，特别是在公式的推导上，尤为看重。书上一个公式的推导过程包含的内容很多，怎样把一个复杂的问题简单化，应该是高中数学最根本的精髓，至于把现实问题数字化，则是以后更深入学习的必要思想。而书上的公式推导恰恰是做到了这一点，编者总能够找到公式里完美的巧合，可以称它是一个偶然，而哲学上讲究偶然即必然。我想这是每个人的潜意识都要有的触感，毕竟谁都不想给自己找麻烦，包括大自然中的世间万物都有它自己的轨道和规律。这些当然是我后来逐渐明白的道理，这里先写出来和大家分享一下。

那时候，只要是书中的公式，我都很认真地推导了几遍。刚开始推那些公式并不是那么顺利，中间的过程有涉及初中所学知识，现在忘了，或者是由于书的版本不同，我没学到的知识，我都会去请教同学和老师。回家的时候，翻阅以前的书，把那单元的知识从头再看一遍，加深印象。那时候在我的意识里，没有比书本上的内容更能说服自己。遇到一个解不开的难题，苦苦探寻无果，翻开答案，恍然大悟：原来如此。"我记得在书上的某某地方是有这个知识点的。"翻开书，"在这里，在这里。"这种感觉是美妙的，也容易记住。

那时候对于数学的学习没有系统的总结，当然很多东西也不会像我在这本书上写的这样轻松。只是一旦在高中枯燥的学习生活中找到一种自己迷恋的感觉，我就会深入进去，继续人生的美妙之旅。这应该是差生苦苦寻找的学习之乐，也是一个差生需要勇敢迈出的一步。差生有差生的孤傲，差生有差生追寻的东西。但是如果一个差生连学习这扇门都不敢触碰的话，他的人生应该是一个悲剧。他的一生永远活在单调的山脚下，春来风景依旧，冬来草木无机。这时候，应该换换生活的姿态，考上大学，出去走走，世界为每个人而生。

我的高中学习生活因为有了这种乐趣而出现转机，如果要问我为什么会有这个转变，我会故作幽默地说："忘了告诉你们，其实我是一只丑小鸭。"上了大学后才知道，丑小鸭也有黑色童话版本……

重新看书和推导书中公式大约花了我一周的"课余"时间，这个"课余"时间包括中午午睡和晚上八个小时标准睡眠时间。当然，这个八个小时标准睡眠时间在高三的时候被老师缩减为六个小时。

当这一切完成后，我试着去做了一套之前老师讲过的月考试卷。这套试卷我是再熟悉不过的了，虽然我没有像其他人一样把它揉成团扔进垃圾桶，但是它在我心里早已被撕了无数回。有人问我为什么还留着它的时候，我的虚荣心会告诉他："我觉得凌迟比较适合它。"说完还不忘撕下它小小的一个边角，以证明我对它的恨无以复加。结果也是这样，当它经历了3000刀"非人一般"的折磨后，终于化作碎片，不知所终。而此时，我手中已经拿到了大学的录取通知书。在我心里，别人鄙夷的目光就像是这张试卷一样，割裂我的虚荣心的同时也在被我伤害着，因为我一直都在进步。

做完试卷，我估计了一下，能拿到80%的分，中间有几个题目拐的弯比较多，一时半会我想不到好的解题方法。即便是这样，我还是比较开心的，起码那个80%的分的试题我已经完全弄懂了，类似题目的解题速度和正确率也上去了。还有一个好处是粗心的地方少了许多，换句话说，我能把我应该拿满分的题目做到完美。至于那几个难题，写进了我的笔记本中，有时间再仔细琢磨。

任何事情不可能一步登天。作为一个差生，我所能做的是一步一个脚印，迈向那座早已刻上我名字的山峰。只有登上了山顶，才有机会去尝试着在空中行走，俯瞰苍茫的大地。登上了山顶，纵使是需要往下跳，也会有飞翔的感觉。

现在我还是一只虫子，隐匿于黑暗中，没有人关注，没有人关心。我相信，我相信有一天，我会得到所有人的肯定，我相信上帝装在我尾巴上的灯泡会在漆黑的夜空中发出耀眼的光芒，YOU HAVE MY PROMISE!

我的数学及格了

自从数学跟上了班主任上课的节奏,他让我上讲台解题的次数逐渐减少了。后来经研究发现,这个改变应归功于冬天的到来,人类的主观能动性全部呈下降趋势。事实也是如此,所有的科目课堂上基本是老师一个人在讲,下面的人听听,做笔记的人都很少了。即便是那些优等生,也是双手插在口袋里取暖,或者埋头在书上涂涂抹抹。

这种静默被突如其来的第三次月考打破。按照HZ中学的考试传统,考试一般是提前一周跟你说的,并不是真正意义上的一月一次,考试时间的安排完全取决于校方的意思和各班各科老师的教学进度。出卷子也是随机抽老师出,因此偶尔也会出现超前的题目。出现这种情况,也只怪班上的教学进度太慢,归根结底,是这个班学生掌握知识的能力太差,怨不得别人。这就好比是高考的试卷经常需要大学的解题方法。

这周是学生学习能力最强的时候,毕竟自己的名字出现在学校大门口的光荣榜上对于自己来说是莫大的光荣,那天的景象虽然比不上古代科举出榜的日子,但也是万人空巷。大门瞬间被堵塞。然后,我们的"状元"就全校皆知了。这周对于一个差生来说,紧迫至极,各种临时抱佛脚。关键问题是老师不会把上课时间给你,课程的进度还是在有条不紊地前进，唯有中午午睡和晚上三节自习时间。

整整一周的生活都像是滑板在光滑的地面做永不停歇的匀速运动。宿舍、教室、食堂，三点一线，16小时学习制。这样的学习生活让我不得不用DJ来让自己时刻保持清醒，稍有休息，就戴上耳机，隔绝外界的杂音，沉浸在辅导书中的世界。

这样的考试，对于一个刚刚入门的理科生来说，熟练掌握练习册上的题目解法和书中的知识是最重要的，做法就是回过头把以前做过的题目重新看一遍。这种做法，切记一目十行，因为一目十行的结果是看着都懂，做起来都不会。我当时是给自己掐时间，比如数学，规定一个时间段，把这个单元的题目解法掌握。简单的题目可以挑选几个典型作为例题，刚开始可以在纸上演算，找感觉。后来记得熟了，做的题目多了，就可以开始练习心算，换句话说，公式的转换和数字的带入全部需要在脑中完成，这个阶段的要求比较高，这是对进入一定学习境界的学生而言的。心算的优点是锻炼大脑，答题速度快。缺点是容易出错，特别是在细节方面。

练习册上的题目看过一遍后，后面应该花一点时间去做一个总结。这个总结相当重要，做总结时，抛开书本和练习册，凭着脑子中的记忆，想想书上的公式，然后写下来。之前做错的题目或者不会做的题目，再次回想一下它们的解题步骤，然后记下来。还有一些巧妙的公式转换，记下来。做这个总结是为了在考试中更好地找到问题的切入点，这个切入点就像是一篇作文的题眼，其实这也是各科出题的共同点——一个看起来特别难的题目往往只有关键的一步。这也是所谓的做题捷径。

上面这些是当时我结合一些杂志上介绍的尖子生学习方法和自身的实际情况，给自己定的初步学习规划。作为一个差生，认识自己所在的位置很重要，学习不是一蹴而就的事。每次月考对于我们来说更像是一场艰难的战役，只有步步为营，才能赢得高考这场战争的胜利！

那一周，除了照常听各科老师的讲课以外，其他时间基本在复习和迎考中。自从找到数学做题的乐趣，原来那些枯燥的数字和公式变得活跃起来，有时候吃饭，脑子中都会出现一串奇怪的数字符号。做题的效率也高了许多。由于老师减轻了单元考试力度，老师和同学没有察觉我的改变，我就像是一匹潜藏的黑马，随时准备显现惊人的爆发力。而第三次月考刚好给了我契机。

我清楚地记得，当我第一次英语单元考试进前五名的时候，周围同学用难以置信的表情表达对我这次考试的怀疑，英语老师跟我说的第一句话是："这是你自己做的吗？"我冷然地回答了一句："是的。"那时，英语老师开始用各种理由找我回答问题，几次被我有惊无险地回答下来的时候，英语老师说了句："多注意口语的练习。"这种怀疑从第二次单元考试进前三的时候终于转变成信任，随着第二次月考英语成绩出来，和第一名的分数相差无几，英语老师的目光变为欣赏，周围的同学开始投来羡慕的目光，而尖子生投来的目光却似有几分敌意。这就是我的证明，一步又一步把成功的概率提上去。

12月份，第三次月考风风火火地进行了，考试前一夜，我的脑子里想起了北京奥运那句广告词:"世界给中国一个机会,中国还世界一个奇迹。"我能做到吗?我能!

发卷,答卷,收卷。钟声在空旷的操场上响起,考场上人们变得异常安静,这就是我们的青春,一场名为考试的月考的战役,一场没有硝烟的战争,为自己而争,为明天而争!

当所有人信心百倍地进入考场答题的时候,第一场语文就给我们当头一棒。五分的古诗词默写一半不是语文书上的,剩下的一半是老师最近一周才上的课文,而这周对于我们来说,几乎没有时间背诵课文。考试前,我们做的都是把之前学的古诗都背诵几遍,这次出的题目竟然全部是新近学的文言文里的句子。后面的现代文阅读为了混淆视听,花了三大页出了两篇现代文阅读,出题人的意思是选做其中一篇完成,事实上80%的人没有看题目,把两篇都做完了。语文考试结束,大家一说,最后的作文没有几个人能完成。

如果说语文考出了一个悲剧,那么数学考试给大家传来了一个信息:等着全军覆没吧!数学考试很悲催地走上了语文古诗词默写的套路,很多题目都涉及新近学习的空间几何知识,几道证明题异常艰难。造成的后果是一个教室70%的人把选择题做完的时候,后面的题目只能干瞪眼,许多填空题都是凭感觉做的,即便是选择题,也有两三道是凭感觉选的,大题只能全军覆没。考完试,一个个垂头丧气。那刻,作为一个备受打击的差生,我觉得我比那些尖子生要坚强许多。

整张试卷,我做得也不理想。但相对于以往来说,心里少了些许的焦虑。以前碰到不会做的题目,心里特别紧张,捏笔的右手心满是汗水。但是现在已经不会出现这种状况了。这不得不归功于我第二次月考数学考的极低的分数，紧张时我就想到那张试卷上的红叉，后面做题就有一种破罐子破摔的味道，不怎么怕了。正是抱着这种思想大胆假设，小心求证，填空题做得还算顺利，大题把会做的完成，不能完成的题目把自己想到的步骤都写上去。到高三的时候，随着老师批改试卷的严格化，发现这也是一个做题的技巧，高考按照步骤给分，不会做的题目说不定因为你写的几个公式就能拿到意外的分，所以不要吝啬自己的笔墨，勇敢表达自己的思想，批改试卷的老师会给你惊喜。总之一句话，这次数学考试我发挥了真实水平，没有什么好遗憾的。

　　后面的考试不管是文科的还是理科的，试卷上留大堆的空白似乎成了一件早就安排好的事情。我更愿意理解为这是一场阴谋，一场校领导和老师给我们的教训。这些考试毫无常理可言，物理试卷上最后的两个大题一直等我到了高三才会解答。而文科的那些东西，似乎到了现在我还是一知半解。大学里考试流行的一句话特别符合当时的情景："我感觉我的智商在被压制。"当时我们的智商处于一个被极度压制的阶段。

　　最后一科英语考试结束，尖子生和中等生的脸都和苦瓜一样，差生还是一副事不关己，高高挂起的样子。虽然我的数学做得没有多少遗憾，其他科目也和众人一样，但心里再次升起一股平日里的努力却被老师踩躏的感觉。什么一分耕耘一分收获，不过是老师给我们开出的一张空头支票，写了数字却忘了写日期。为了缓解考试后到成绩出来这段时间的压力，几个同班同学一起去篮球场疯了一次。意外的是，球场上出现了几个尖子生的足迹，也许这样的考试对于他们来说也是一种折磨。这一刻我发觉，尖子生也不是不能超越的人，他们也会像普通人一样苦恼和烦心，只是平时都压在心里，久而久之，在忙碌的学习生活中忘却了。

记起我初中毕业时写给同窗好友的一句话："不管是谁，拥有梦想就伟大。"虽然好友已经放弃学业，还是希望他坚持自己的梦想，因为我们都是伟大的人！不管是尖子生还是差生，拥有梦想就伟大！而我现在的梦想就是超越他们，高考离我还远，他们就在眼前。

因为是同班同学，所以我们和尖子生来了一场友谊篮球赛。这场篮球赛打得异常激烈，场上的所有人都负了伤，当时我的右手食指和中指被球砸得基本处于不能动的状态，最后一直拼到双方没有力气拿球，我们靠平时锻炼的体力赢得了比赛。那时候发现，我不但是个倔强的人，也是个要强的人，要强的时候也可以拼命。而我的大学梦就是拼了命去实现的。

第三次月考结束，学校组织了冬季运动会，全校放假三天。这次冬运会平时不名一文的差生成了各班体育赛事的领军人物，现在还记得当时一个神一般的女生同时打破了HZ中学女子100米、200米、400米、800米、1500米的纪录。真真正正是个风一般的女子。

由于没有参加任何体育比赛，我被安排坐在班级服务台上给那些体育健儿写宣传稿。这件事让我更加坚定了考上大学的目标，我是一个要强的人，怎么甘心做一个配角？那次运动会，我们班输得一塌糊涂，晚上我发神经地为他们写了一首带有浓厚悲情色彩的现代诗。此时此刻，我发现我对这个班已经有了感情，这个班给了我感动和奋斗的力量。这也是在高一结束文理分科时,我留在这个班的原因之一。

三天的运动会很快结束了,一种被审判的焦急情绪充斥在我们周围。当天晚上,班主任就拿了一沓试卷走到了教室,我们心里都知道这是第三次月考的试卷,教室突然静得可怕。人们总喜欢说风平浪静后就是狂风暴雨,这样看来也可能是"风平浪静后就是发试卷"。

班主任用10分钟陈述了这次试卷的难度,再用10分钟安慰了一下我们的情绪,最后用1分钟点了10个人的名字。"这次考试只有10个人及格。"10个人及格?3秒钟停顿后,我终于在震惊中反应过来,我及格了!刚才班主任念了我的名字,我竟然在这10个人中,简直不可思议!

我数学及格了,现在回想起那一刻,感觉还是很美妙的。虽然后来我知道在那10个人当中我是垫底的,但这样的成绩已经让我高兴好一会了。当我试卷发下来的那一刻,同桌的眼光在我身上游离了好一会,最后给我竖起了大拇指。我再一次在我生活的群体里引起了不小的轰动,坐在中间的同学也开始对我产生浓浓的敌意,也许在不久的将来,他们的位置即将被取缔。只有我知道,我的目标是坐进第三排,那里才是离大学最近的地方。

上天在我绝望的时候下了一场雨,雨后出现了我人生中的第一道彩虹。

当晚物理试卷分数也出来了,110分的题目我考了50分。

我进光荣榜了

那天晚上发生了很多事情，毕业后几个老朋友谈到那个晚上时，还是记忆犹新。很多人拿到不及格的试卷都不敢相信这是自己做的试卷，虽然之前班主任花了很多时间来说这次试卷很难，但是结果出来的时候，剩下的还是很长很长的沉默。这种沉默又因为物理试卷陡然发下来变得死一般的寂静。

物理试卷班级最高分也只有70分。前几次月考中，一个学习一般的人都能考90分。极大的落差让很多人变得沉默。第二天，随着一科科试卷分数出来，教室的上空飘着一朵散不去的乌云。那次我的数学虽然出乎意料的及格了，但是其他的几个科目几乎全军覆没，有几科的分数极低。我比较喜欢的语文、历史也是勉强及格。这样的结果再次让我提不起学习的兴趣，这次，前面的许多学生似乎都被感染了这种情绪，成天一副无精打采的样子。

第三天，光荣榜出来了。这时，我已经逼迫自己进入紧张的期末考试准备中了。出榜那日，像极了古时候的科举考试出榜，班上的同学一个个的把光荣榜上的名字传回来，越传越兴奋，前五个，我们再次占了四个，单科最高分只有英语不是我们班的。班级的两极分化也是从这次考试中开始走向极端。班主任感叹，第三排的尖子生们再次发挥了他们超人一般的能力。

这时候的我也是和后面的同学聊得最开心的时候，为了那仅存的虚荣心，我要装作漠不关心。随着一个个消息传来，我发现没有人在听我讲，整整半个小时，我都在自言自语！正当我想说什么表达我的存在的时候，同桌从外面飞奔回来一把抓住我的手："你进光荣榜了。"

我确实进光荣榜了，排在光荣榜倒数21的位置，年级279名。进光荣榜后，我做了两件事。一件事是给老妈打了一个电话，告诉她我进了光荣榜。第二件事是安慰同桌，说了一大堆我都不懂的道理。

班主任对我的态度稍有改观——这次我的数学没有拖班级后腿。那次考试后，我在班级的排名在前二十左右，按照HZ中学传统，一个班前二十都能考上大学。这种进步并没有引起班主任和其他老师的注意，只有后面和中间的学生对我的态度转变少许。只有英语老师开始注意我的英语学习情况，早读的时候跟我说上几句关于英语学习的话。

高一的时候，各科的学习变数一般很大。因此，除非考前几名，否则很难引起各科老师的注意。如果想引起所有老师的注意，总分就得考进年级前几名。就像是物理，卷子容易的时候一般的学生110分的试卷都能考九十多分，而卷子的难度增加，他们就和差生的区别不大了。比如这次考试，很多一般的学生也只能考四五十分，考30分的也有。这次考试更像是老师对学生的一次筛选，从这次考试中，那些真正的尖子生便会脱颖而出。因此，虽然我对自己这次考试的最后成绩还算满意，但在众多人眼中还是被认为是运气好，侥幸而已。以后和班主任聊天的时候，他也是这么和我说的。

那次我挨了语文老师一顿骂，因为我的作文没有完成，这是做语文试卷的大忌。不管文采有多好，最起码的文章字数都不达标，拿的分数一定不怎么高。可能是我比较喜欢上他的课，在文章的理解上有自己独到的见解，语文老师对我还是比较关注的。上课打比方的时候都用我的名字，也许在他心里是把我当文科生培养的。在理科生当中，语文和历史好的我就是一个异类。有很多次上课的时候，我发现他会引用我在作文里的句子来说明某一个道理，偶尔也会用我的理科逻辑去评判一件事的对与错。这是我尊敬他的原因，他发现了我，他尊重了我。我对于英语的喜欢也是因为语文，至于学精、学深，完全是为了应付考试。

和老师想的一样，这次能够进光荣榜，我也觉得是一种侥幸。如果试卷出的没有那么难，我就不会考出光荣榜上的那个排名，那个排名有一部分是赢在了心理素质上。我不能把我的大学梦寄托在一个未知的试卷难度上，没有坐进第三排，我的心里还是没有底。

如果我的高中是一口深不见底的枯井，那我之前做的所有努力就是往上爬，看看外面的世界。而那次考试的结果就像是一米阳光，照亮我心底深深的渴望。可它又是这般稍纵即逝，稍有放松，便不知所踪，留给我的是深深的黑暗和绿色青苔下的恐惧。

那次考试让一批新的人找到了目标，整个班级的竞争愈演愈烈。这也是学校和老师们要达到的目的。当然前三排和后两排一直保持着稳定,特别是第三排的尖子生表现出坚强的生命力,激起了我的斗志。后两排的差生集中营越来越差,这次考试让几个人彻底沦落。垫底的一直在垫底。想重新站起来的又没有勇气,或者觉得时间还很早,再玩一段时间再努力也不迟。他们不知道,自己离当初上高中时在心里立下的誓言越来越远。

第三次月考结束,学校流行两句话,"学习就是花钱买罪受","教育就是一种投资"。前面一句是父母对孩子说的,后面一句是孩子对父母说的。前面一句话的意思是说:"孩子,如果你考不上大学,就不要浪费我的钱,早点出来工作,娶妻生子,安度此生。"后面的一句话的意思是说:"爸妈,教育就是一种投资,有风险。利益越大,风险越大。我不能保证一定能达到你们的期望,但是我一定会努力的。"

第三次月考后没几天,就迎来了2012年的元旦节。那时候学校对手机管制非常严格,因此不会出现群发短信这件事。除了学习还是学习,2012年,HZ中学元旦节还没有放假的先例。按照HZ中学的惯例,只有高三的学生才有权利去开元旦晚会。这天对于高三的学生来说是上高中以来最幸福、最快乐的一天,而对于我们来说,无疑是最悲催的一天。

按照HZ中学的另一个惯例,操场上会排满一圈的烟花。晚上八点整,那里将会上演一场独特的烟花秀。我一直以为,这场烟花是为了给高三的莘莘学子送行。整整一天,全校高三学生放假,而我必须坐在位子上听老师讲课。因为年轻,我的心在这时候并不怎么安分,像随时都会冲动地丢下课本跑出去和他们过元旦节一样。

这种冲动在晚上八点整终于爆发出来。

当时的烟花很漂亮，在场的很多人都看呆了。高考应该是他们作为HZ中学人最后一次释放青春的光彩，这也将是我无法逃避的命运。只是不知道当时的烟花是否也像如今这般美丽动人。

很快，期末考试就来了。轰轰烈烈的高一生活即将过去一半，老师们上课也加快了速度，这段时间，我开始系统地复习各科功课。

由于我的政治老师上课非常幽默，经常在上课的时候给我们讲以后工作的道理，我发现我渐渐喜欢上了这个老师的课。在期末的复习中，我对政治下了些功夫，这些"功夫"就是背诵一些专有名词。因为后来我学的是理科，所以我不知道这样做对学文的学生学习政治有多大的帮助。我觉得对我的帮助挺大的，期末考试政治100分的题目我考了79分，之前我考的都是50分左右。这件事让我后来在选文科还是理科的时候感到非常苦恼，分班的时候纠结了好一会儿。

文科上的考试内容在高一的时候基本是背诵，我也没有做多少题。说白了，我把做题的时间都花在了理科各科目上。所谓系统的复习就是把之前的题目选择性地再来一遍，做错的题目、用到特殊解法的题目、之前不会做的题目都是重点考虑对象。如果你想减少翻阅以往试卷的麻烦，一个大容积的笔记本会给你带来便利。我的笔记本是在高一第三次月考后开始使用的，有的人的笔记本是改错本。高三的时候，会有很多的改错本，当然其中有一部分是老师自己找的一些题目，然后根据学生们经常出错的地方做的批注。

我的笔记本上不止是我做错过的题目，还有我不会做和一些特殊解法的题目。有些题目自己可能会做，经过一番周折，我也能把最终的答案做出来。但是花的时间特别多，拐的弯比较多，中间的计算稍有不慎，就会出错，这是很可怕的一件事。而标准答案里的方法可能比自己的方法要简单许多，只需要几步就能把问题解决。这样的题目属于典型题目，像这样的题目记入笔记本就很有必要。面对这样的题目，最重要的是掌握它的解题思路，还有在解题过程中运用的思想。

考试前复习看一遍笔记本，可以帮我节约一些时间。如果时间比较充足的话，可以拿以前做过的试卷，试一下自己做题目的反应速度和正确率。也可以尝试着做一张综合试卷，这个相当于自己给自己考试，在规定时间内完成，然后对着答案看自己做错了多少。如果这张试卷做起来非常吃力，就不要计较能考多少分，对着答案把这张试卷上所有的题目弄懂才是需要做的事情。我没有上过辅导班，没有请过家教，但是，在大学里的那些同学平时带学生也是这么做的。我认为，通过努力获取的知识记忆才深刻。

上面的考前复习方法是我的学习稍有起色后运用的方法，这样的复习方法一直持续到高二结束。那些不知道怎么考前复习的学生可以借鉴一下。当时老师给我们的建议是光看不做，看的是以前做过的题目，之前我也是这么做的。可是当我所有时间都放在学习上的时候，我发觉做完这些我还剩下一些时间，这段时间我的方法是通过做综合试卷验证我掌握知识的程度。我觉得成绩中等偏下的人还是用老师的方法比较好，而成绩不怎么好的学生首先要解决的是心态问题，只有意志坚定了，把学习当回事了，别人所说的方法才能发挥作用。

高一的时候很多人都在寻找考试的捷径，我不否认，很多人通过临时抱佛脚，考的成绩还很不错。就像我在前文写的那样，高一阶段的学习中间的变数特别大，天堂与地狱离得很近。到后来这种距离慢慢会拉大，那时候临时抱佛脚，佛就会踢你一脚。上大学后，80%的人的学习方法都是临时抱佛脚，这时候是60分万岁，可能老师花一个学期时间上的课，我们自学了两天就能通过考试，这种情况在高中明显是不存在的。一个是大部分学生的自学能力在高中时期很差，一个是出题目的难易程度不一样。这所有的一切注定了对于平时混日子的学生来说，高中的考试没有捷径，高考也没有捷径。

考试不要有侥幸的心理，做最坏的打算才有可能获得最大的惊喜。

高中的第一个寒假在最后一科英语考试结束铃声响起后正式到来，而我在HZ中学适应学习的阶段也正式结束。对于一个还没有达到尖子生水平的我来说，寒假回家没有多少乐趣。老爸对于他的教育投资一直抱着悲观态度，再加上我在HZ中学的表现不尽人意，一个辅导班都没有给我报，回家该干嘛干嘛。

过年，周围的亲戚邻居少不了给我颜色看，因为我的学习不如别人。而那些尖子生们，总能得到最丰厚的优待。这样的寒假也给了我一个相对安静的环境，除了和几个同学玩的时间和吃饭睡觉上厕所的时间，整天就是待在书房听歌，阅读课外书，做笔记，心情好的时候做做寒假作业，然后发一会儿呆。那时脑中对于高考的概念也不是很明显，离开了那个竞争的环境，心里也没有那么大的压力，这应该也是我和学霸的差别吧。有自己的生活，为梦想不顾一切。

我有时在想，鸵鸟把头插进沙子里就一定在逃避现实吗？难道不可以在思考，在蓄势，为了以后的惊天一击吗？我不是鸵鸟，我也不会把头埋进沙土里，我会微笑着去面对我身边的人和他们的表情。一本《微笑中的眼泪》足够我在感动中找到前进的动力。我微笑着走自己的路，让他们的泪水飞洒。

学习物理的困惑

高中的第一个寒假过得很快，一个月的寒假一晃就过去了。现在想想，其实高中也只不过是一晃就过去了。

新学期开始最紧要的一件事就是已经到来的分科问题。分科对于我来说，就是选择以后要走的路。不管能不能考上大学，这个分科对自己以后的人生都是至关重要的。我虽然待在理科班，但是我的理科成绩不是很理想，反而语文、历史还要好一点。加上上学期我的期末成绩文科总分比理科总分还要多一点，于是，这成了一道坎——让我选择读理科的坎。

对于一个刚开始在理科班上课的我来说，听到最多的是文科生和理科生以后的就业问题。班主任举出了一系列的数据来说明理科生比文科生好找工作，家里的亲戚也比较偏向读理。而目前，物理、化学、生物在我脑中的概念还是一片模糊，"书读百遍，其义自见"的规律并不适用它们，就像我不喜欢它们一样，教它们的人也不怎么喜欢我。和一群互生厌恶的人在一起学习，会有什么好结果？这是语文老师在上课经常讲的逻辑，他似乎在暗示我该去学文。

新学期的另一项任务就是评试卷，评上学期的期末试卷。随着我在物理、化学、生物几科中备受打击，心情落到了低谷。

我们的物理老师很负责任，每次说到我们茫然的地方，后面都会加一句："我很负责任地告诉你们，如果你们不能理解这些东西，后面的学习就很困难，我建议你们去文科班。"当时讲的是物理里经典的小球和弹簧问题，要求我们通过想象和受力分析画出速度—时间、加速度—时间图像，以及写出每段时间的运动方程和受力平衡方程。解决这个问题首先要知道小球在各区间段的运动情况。

物理老师叫了一些尖子生回答，他们勉强能够回答出正确的答案。而我坐在那里，更像是听天书。那会儿，我的水平还停留在画物体受力分析上，经常画出多余的力或者少画几个力，每次做到这样的题目都非常头疼。那时候的物理选择题大多是多选题，一选就错，什么运动状态分析，完全不会。

物理老师花了一节课给我们讲解了一遍小球与弹簧问题，我第一次很认真地做着物理的笔记。下课后，我回忆之前上课的内容，脑中仍然是一片模糊。笔记中的图形和运动状态分析仿佛在压制我的智商，越想头越痛。我试着背下答案，花了半个小时，我将小球的运动状态熟记于心。

第二天，物理老师旧事重提，再次在黑板上说了这个问题。又问了一遍昨天的问题，我使劲地回想脑中那些乱七八糟的运动状态，它们好像是在和我玩文字游戏，等着我去拼凑最后的答案。等我花了几分钟好不容易拼凑出一些什么东西的时候，时间和运动状态的搭配又出了问题，它们的顺序我忘了。物理老师还在等待，他似乎在等我们放弃读理科的念头，这是一条不归路。

结果我没有回忆起我笔记上的答案。从那天开始，物理成了我在理科班学习的一大障碍。我曾经以为只要把数学成绩提上去了，物理只要后面分完科的时候稍微努一下力就能追上那些理科尖子生的步伐。我错了，虽然说数学是万物之源，但是每一科都有其独自的特点，或者说是哲理。"数学好，物理一定好"是个假命题。

　　学校给我们一周的时间考虑，是读文科还是读理科？这周，我每天晚上都会问自己这个问题，是读文还是读理？又想起我的大学梦想，考上大学是为了什么？不是为了找一份好工作吗？什么样的工作才是好工作呢？蓝领技术工，白领管理人？焊铁工，记者？还是其他的各类职业。我试着去求助班主任帮我解答这个问题，可是两次去他办公室都没有人。班主任也不会在班上点名，你该去读理还是读文。

　　一周的时间很快就过去了，选择读文的学生一个个离开了这个班级，然后我们班又换来了一批新的面孔，这些学生都是从文科班转过来的。而我最后选择留在这个班级，不是抛硬币的结果。理由很简单，第三排的人一个都没有走，而他们是我一直想超越的目标。家里的人听说我读理的决定后很高兴，打电话过来给了我不少的鼓励。

　　直到现在我也没有后悔我当初的决定。我知道自己并不适合一个文科生的生活，我追求的是冒险、刺激和充满创造激情的生活。而读理可以满足我的这些要求。那时候我发现我不但是个倔强的人、坚强的人，还是一个不安分的人。不否认，我很喜欢历史和语文。它们带给我很多乐趣，特别是遇到烦心的事，或者感到孤独的时候。在那些过去的历史中总能找到心灵的解脱，正是它们一步步帮我解开了心灵的枷锁，我才能一直勇敢地走下去，做一个坚持不懈的追梦少年。

在现实生活中，正如老师们说的那样，这个社会更需要理科生。一个理科生用他的勤劳很容易找到一份工作去养活自己，同时，随着政治和地理学习的深入，我发现很难掌握里面的规律。我脑中既定的思维逻辑对政治还有极强的排斥心理，可能是以前读的小说多了，思想自由惯了，受不得约束的缘故。

所有这一切说明，我该是一个地地道道的理科生，而喜欢的文科的一些东西都可以当作是业余爱好去开发。这些都是我在选择读理还是读文考虑的事情。

物理老师的忠告的确吓走了几个原本打算读理科的学生，而我不在其中。因为在他的忠告之前我就有了目标，而为了这个目标，我必定是要坚定不移地走下去。物理老师的忠告整整在我耳边响了一个星期，教室里隔一天就会有些新面孔进入，旧面孔出去，或者原来的旧面孔回来。

所有的这一切并不能挡住高一下学期紧张的学习。整整两周的分科行动后，学校下达了本学期第一次月考时间——两周后的周末。在这次月考中，我扮演的又是一个悲情人物，一切缘由因我没有听物理老师的忠告？

理科第一关，物理大关

分完科后，我就投入了高一下学期紧张的学习中。学校通报了第一次月考的时间后，平时原本吵吵闹闹的声音安静了许多。老师为了赶进度，上课的内容比平时多了不少。为了应付高二下学期的会考，班级并没有完全停止文科的教学，只是不用考试了。刚开始出于对文科老师的尊重，我还会听听他们讲的内容。后来发觉大家都在做自己的事情，我也开始安排自己的事情。

在文科课上安排的第一件事情就是睡觉。新学期开始，班主任没有按照期末成绩调换位置，我现在的位置还是坐在后排差生圈里面。那时候上晚自习要到九点半，早上六点就要起来做早操、上早自习。春天一到，人很容易犯困，而政治、地理、历史这些课给了我一个极好的借口休息，休息前望一下周围，趴倒了大部分，我也就心安理得了。

那时候，我一直以为物理老师的话是在恐吓我，所以我一直没当回事。上课听他讲新的知识，下课照着书用数学推导一下新学的公式。练习册一边做一边看答案，自认为做得还不错。不会的用意念去冥想一下，由于我的感知能力一直都不错，解物理题如果发觉过不去的坎，看着答案我的感知力会帮我自动跳过去，然后向大脑传达一个信息："嗯，这题可以过了。高一上学期我也是这么做的，有时候考试也能收获意外的惊喜。"

物理老师的忠告在分科后的第一次月考中将我的自信砸个结实，以至于我怀疑一个月前我选择读理科是个错误的决定。

第三次月考各科成绩出来后，我的理综分数还没有达到180分。那时候还不能算是严格意义上的理综成绩，一直到高二下学期结束，HZ中学实行的都是物理、化学、生物分开考试，我们不需要统筹三科的考试时间。这样的考试比后来的理综考试要容易许多，在这种情况下，我连200分都没有拿到。数学和英语考得也不尽理想，在班级排名顶多算是个中等偏上的成绩，那次语文考试的试卷特别难，全年级只有6个人及格，我们班只有一个，我刚好90分。因为我的理综考得特别差，最后的整体排名也被拉下来了，没有进光荣榜。而理综中物理100分的试卷只考了36分。

这次月考后，物理老师的忠告时常在我的脑海中响起。我的心里开始一直纠结那个小球和弹簧的问题，越想越头疼。老师评卷的时候，我一直在走神，又开始最初的自我怀疑，自我否定。失败这东西在外面走了几遭，像附了魔法一样又开始出现在我的生活中。那几天，心情烦透了，傍晚经常一个人去操场散心，来排解心中的压力。有时一个人躺在操场的草地上，仰望云卷云舒，闭上眼，微风习习，这样的生活该是如何惬意。

现实的残酷没给我多少时间去解开是不是应该转班的谜团，各科老师评试卷的速度比上学期加快了许多。这所有的一切无疑在告诉我，真正的高中生活已经开始，如果还在当初的选择中纠结，那么物理上的失败只是一个开始，等待我的将会是更多的失败，而之前所做的努力都可能是竹篮打水———一场空。

我用一节晚自习的时间在物理笔记本的第一页写了一些关于当时心情的随想，把低落的心情写进纸里，是在缓解压力，同时也是在提醒自己，曾经我那么糟糕。那次以后，把因为月考考试失败而低落的心情随想写进各科的笔记本里成了我的一个习惯，它记录了我的高中成长过程中每一次重要考试失败后的深深印记。

物理考试失败的阴影在我心里停留了很长一段时间，那段时间，每天傍晚都会去操场散步找寻感觉，然后每当学不下去的时候，就把这些随感写进笔记本。在另一个世界建造属于我的王国，给自己一个宣泄的地方。在这种时候，不要把一切积压在心底，否则它会变成束缚自己前进的囚笼。

物理的失败是我选择读理科遇到的第一个障碍，在这个巨大的障碍面前，我缓了一段时间。回到现实，我的人生并没有像小说里的传奇故事一样，得到谁的拯救，或者是拿到什么学习秘籍，从此一发而不可收拾，潜能像小宇宙一样爆发，一路过关斩将，很容易地实现了自己的梦想。随着学习的深入，物理一如既往地打击着我，而生物和化学学得也很勉强。虽然总在寻找适合我的学习方法，但一直都找不到。

有一次，物理考试的试题较难，我做得很不好。当时，我特别心烦，真想把试卷撕碎，但是，经过一番思想斗争，最终还是选择将其留了下来。那张试卷上的题目涉及的内容大部分是天体运动，天体运动的题目有几个特点，一个是公式复杂，一个是计算量大，还有就是运动状态分析难以把握。在这一块，我做得惨不忍睹。当时我的水平仍然停留在受力分析上，而力与物体运动的关系我一直没有认真对待过，总是马马虎虎糊弄过关。

学习天体运动有诸多麻烦，然而其中的共性也很多。这些共性也是物理其他题目的共性。这些都是我后来经过实践发现的，在这里和大家分享一下。

任何理论性很强的学术，都是以几个基础公式推导而来，在推导的过程中遇到了困难，后面就是假设内容，根据实验研究或者通过其他的公式推导能证明我的假设是正确的，那么我的公式可以一直推下去，以得到很多意想不到的结论。我把这种现象称作是理学之美，后来我爱上了物理和数学也是因为从这种美中获得了精神上的享受。对于一个理论研究学家来说，人生最高兴的事莫过于发现了事物存在的规律。哲学家说，存在即合理。而理论研究学家就是发现和证明它的合理性，转化成人类容易理解的数字符号，从而促进人类社会的进步。

知道了这些公式的来源和试题提问的方向，对于后面发现它们的规律就容易许多了。这就像一群人在进行射击比赛，除了我之外，其他人都没有靶子可以射。有了点有了方向，最后就是运气和自身能力的问题。谋事在人，成事在天，运气这个东西不是我能控制的，剩下的只有能力。所谓天道酬勤，能力是靠后天实践形成的。

上面说那么多，总结起来就两个词：规律，能力。那次物理考试的失败，一个是我没有弄清楚它们的规律，另一个是我解物理题的能力也没有。

当时我认真地分析完这张失败的试卷，结合我脑中少得可怜的哲学思想得出了一个模糊的方法：一切从基础公式出发，充分利用题目中的不变量，推导出我需要的公式。这个方法要求我对所有基础公式相当熟悉，对公式推导转换相当熟练，最后这个问题归于数学问题。很幸运，我在高一上学期，就很注重这方面能力的培养。我花了一些时间，去寻找物理书中这些基础公式，然后认真地看书中所述的实验现象和前人所做的假设，一步步推导，发现公式之间的内在联系。这种方法虽然很耗时间，但是对于以后做题帮助很大。

不管是出于考虑考试中出现的概率，还是它里面包含的思想，物理书上的实验内容一直是我关注的对象。学过物理的学生都知道，物理后面的考试，经常考到书上一模一样或者相似的试题，难点的还要学生自己设计实验。看书上的实验不外乎是看实验步骤和注意事项，这两项是考试中经常考的内容。除了这两项之外，我对书中的实验图像情有独钟，一个是因为根据图像计算物体运动的位移、速度、加速度等是试卷上经常考的题目，另一个原因是书中的实验图像存在动态效果。

我读高中的时候，一般的老师都不会带我们去做实验，如果想通过实践获得书上一模一样的结论就有点困难。一种方法是自己根据身边能利用的课本、桌子、笔、纸、乒乓球等东西设计实验；另一种方法是通过对书中图像的观察和记忆，在脑海中形成天然的物体运动规律；还有一种比较困难的方法就是一步步根据物体的受力分析画出它的运动状态。不管是用哪一种方法，重点在于理解和融会贯通。下次碰到新的实验题或者判断物体运动轨迹的题就不会觉得猝不及防了，毕竟信心是建立在有充分准备和了解基础上的。

那次物理失败对我的打击很大，同时对我的触动也很大。分科之后，我一直在感性和理性之间模棱两可，而既已选择读理科，不管是考虑事物的逻辑还是处理事情的方法就要偏向于理性：一加一在正常情况下只会等于二。

思考完这些，我坚定了学理科的决心。那次月考，数学和英语考的分数没有达到心里的预期，也让我明白了革命的果实需要保证，这样才能腾出手去打击其他的敌人。当老师把那次月考的试卷分析完后，我自己又花了一个晚上的时间把这些试卷重新分析了一遍，比以往多做的一件事是把一些错误归类记录在笔记本上，以便于我以后翻看查找。

走出了物理失败的困境，重新明确了自己奋斗的目标。真是拨开云雾见天日啊！

迟到的惊喜

接下来的日子，我全身投入到寻找物理学习的规律中，每有收获，便手舞足蹈，心情大悦。这样的生活免不了枯燥和难熬，闲暇时听听音乐，傍晚漫步操场，也能摆脱心中的孤单和寂寞。

当然，作为一个即将迈入高二的学生，我首先要适应这种无止境的孤独，这种孤独在高三的时候走向顶峰。因为那里是一片题海，试卷如头上的白色头皮屑一样落在书桌上。青春代表着热血和激情，怎样让一个年轻的人放弃外面的精彩世界而埋头苦干？也许只有当他想通了某些东西，才会把心收回来，投身于学习中。

在我心中，一直有个永不磨灭的梦想：坐在教室的第三排，触摸大学。让结果为我的过去正名，让大学为我的人生正名。读高中的时候，虽然没有像在初中一样看各种杂志和小说，但是像《求学》，《疯狂阅读》系列，《萌芽》之类的书和杂志一直坚持看。因为在学校的学习时间紧，所以一般都是周末回家的时候看。

它们有的会帮我了解升学考试的一些情况，有时候也会介绍一些中国著名的大学；有的会帮我找到和我一样追寻梦想的人，他们留在书上的只言片语总能让我触动，让我在困难面前变得更加勇敢，其实这条路上我并不孤单，有那么多的人在我的周围陪伴着我；有的给我描述了一个庞杂的内心世界，和这个现实世界隔纸相对。这个内心世界让我发现他们的弱点，他们对我的蔑视不过是自我意识里形成的恐惧，我为什么要在乎这些东西呢？

现在想想，我的生活还是很丰富的，随着我学习成绩的进步，身边那群不怎么学习的同学也开始问我题目，每次我都很耐心地讲解给他们听。2011年的秋天我还在为自己的糟糕的成绩苦恼，不知所措。2012年的春天，我就可以给我的"战友"们讲解题目了，第一次有了做老师的幸福感受，那个冬天对我来说意义重大。

随着一次次成功地通过物理的基础公式推导出后面的复杂公式，做简单的天体运动题目也不会显得那么着急。再经过一些辅导书上的专题训练，我对这些公式的记忆越来越深，以至于晚上抬头望月亮的时候，我的脑中都能浮现出一个个公式和一些科学家们计算出来的标准值，比如月球的体积、质量、表面加速度等。而这些在考试中检验选择题和填空题起着相当重要的作用。像天体运动，试题的答案和现行规定的标准值一般不会差多少，这也是我检查题目是否做对的一种方法。

当时我们班上订了物理报纸，报纸上都是一些专家或者是一些著名的老师对这章内容的总结和出的相应的试卷。这份报纸对我物理的学习帮助很大，不仅是报纸前面对本章内容非常详细的归纳和一些历年真题，还有后面的题目也非常有代表性。报纸是物理老师拿来考试的，答案一般放在下一期，每一章有两份报纸，按照物理老师当时的进度，一周可以上一章。加上学校给我们订的试卷，一章总共是四套。物理老师为了提高我们的成绩，那时候每天晚上我们都会进行物理测试，如果白天两节物理连上，这两节物理课一般都是考试。

刚开始，和大部分同学一样，对物理老师的安排很反感，每次都是逼迫着自己去做这些试卷，越烦躁越做不好。后来发现我的抵抗没有一点作用，就试着去接受这种安排，认真地对待每一场考试，认真地分析每一张试卷上出现的题目，渐渐忘了时间，忘了烦恼。每一次考试，我的分数都会上升一点。如果运气好，遇到原题，100分的试卷我也能拿八十多分，偶尔也会达到90分。

就这样，在如此高强度的物理考试安排中，我的物理成绩稳步直上。试卷上不会做的题目，我都会刨根问底，因为这个题目中可能有我之前没有掌握的知识。通过层层地补充学习，我之前落下的力的分析和物体运动状态分析的知识也逐渐补上去了。物理上物体受力分析应该是贯穿始终的知识，想要学好物理，这一关必须要过。物体受力分析有很多的方法，同步辅导书上这一章大多讲得都很详细，如果加上例题解析，只要认真地去看了，基本上没有问题。学这章的时候，可以尽量多做一些受力分析的题目，把一些特殊的情况记录进笔记本，以便于以后遇到相似的题目可以进行比较查看。而物体运动状态的分析在掌握书上知识的情况下，多看看参考书上的题目，一边做一边总结，当做的题目达到一定的数量后，解题的速度自然而然地会加快。就像我每周有四场物理考试，第一场我完成试卷的时间是两节课，有时还会延后一点；第二场我完成试卷的时间可能就只要一节半课，后面的时间拿来检查试卷；第四场考试，如果相类似的题目比较多而计算量又不是很大的情况下，在保证正确率的情况下，我一节课就能把一张物理试卷搞定。

很快，高一下学期第二次月考的通知提前一周下来了。全年级进入了紧张而激烈的备考中，我就像被打了鸡血一样，老早就起床，跑到教室读语文和英语。而那些尖子生就像打了100ml兴奋剂一样，每次都在我前面赶到教室大声朗读起来了。看见我进来，都拿异样的目光看着我。为了能早日超越他们，我不得不打更多的鸡血，起得更早，睡得更晚。谁让他们在看我呢？

第二次月考就在我和那群尖子生互相敌视的目光中结束了。成绩出来，功夫不负有心人，我第二次闯入光荣榜，在班级排名也冲到了第16名，称得上是真正意义上的中等偏上了。就在我为这次考试做着分析处理的时候，学校下达了我们期中考试的通知，就在下周。这是什么破事？刚进行了抗日战争，又要进入国内解放战争。在一阵骂骂咧咧的吵闹声后，不得不又打了一针鸡血，过着暗无天日的备考日子。

对于一个差生来说，最讨厌的就是考试。而对于一个优等生来说，最喜欢的就是考试。考试让差生没有价值，让优等生实现价值。作为一个差生的我，曾经时常发生这样的事情，我的人生价值在一次次的考试中毁于一旦，心中积蓄着对老师的怒火，于是，便开始做一天和尚，撞一天钟，混日子。可是事实就像新加坡的一部影片《孩子不坏》里老师对学生的那些话："你们去坐牢，社会会替你去坐吗？学校会替你去做坐吗？爸妈会替你去坐吗？"换作我们的情况就是这样：社会学校和家长都不会替我们去承受优等生和大人们的白眼，也不会替代我们的人生。所有的一切只是为自己在做，不要一天到晚叫嚷着为别人而活，我们没有那么伟大。

明白了自己的渺小、粗俗和不堪，然后就抛弃了差生们的"高贵"气息，做一个平凡的奋斗者，接受这来之不易的生活，好好考试，做好充分准备去迎接大学里自由的土壤。那一周的时间，我简直成了一个超人，每天会做大量的题目保证我大脑的清醒，早上的早读也会声嘶力竭地喊出李雷和韩梅梅的名字。虽然早在高一上学期末学校取消了晚读的规定，但是那一周我似乎对这个晚读提起了很大的兴趣，每天傍晚吃完饭到上课这半个小时时间，我都会去操场找棵低矮的树，靠上去读读英语、背背语文。看着操场上来来往往散步的人群，有种风景这边独好的奇特感觉。

每天在操场上看到天边的那轮红日，我心中就充满了斗志。仿佛它每天都在固定的时间、固定的地点等待着我，稍微睡晚了一点，就会错过这道美丽的风景。那些年，我和它之间有一个约定，这是一个不能说的秘密。

就像我非常喜欢听的S.H.E早年的一首歌《星光》里的歌词一样，"黑夜如果太黑暗，我们就闭上双眼，希望若不熄灭就会亮成心中的星光。"万众瞩目的期中考试成绩出来，我拿到了全班第十，年级第10名的好成绩。这之前，我是一只背着沉重蜗牛壳的梦想家，这之后，我是一只触碰到金字塔的实干家。蜗牛，为梦想而生。

从班主任给我换座位上可以看出，这不是起"意外事故"，那一刻,历经千险,我第一次得到了许多许多人的承认,包括我的班主任和我后来一直非常尊敬的物理老师。虽然他们在我做出如此大的进步上没有特别说什么,但是班主任把我的位子向前移了两排,物理老师在批改试卷的时候,会在我的试卷上做出一些批注,分析我的错误后,给我一些建议。我花了接近一年的时间,终于赶上了前面那些人的步伐。

对于这次迟到的惊喜,我在物理笔记本上写了几个字:"谢谢!我会继续努力的。"

为我的高一写些什么

那次期中考试后，我作为进步最快的学生代表，在一个周一下午的班会上发了言。和许多人一样，我那时是第一次走向讲台面对全班说出我的学习经验，当时我的心情非常激动，也很紧张。平时看那些优等生侃侃而谈，总觉得是一件特别容易的事。如今，等我真正走上这个讲台，不是因为读检讨而是讲学习经验的时候，半天憋不出一句话。那次我在讲台上只说了一句话："我站在这里说这句话花了我1分钟，但随后我花了两年的时间站上来。"这是我给第三排尖子生的一个即将超越他们的信号，或者说是跟时间的赛跑。

两年后，当我也坐在他们当中时，我在讲台上进行了30分钟的发言。而现在的我，面对300个人可以不停歇地讲一个小时。因为我曾经是差生，我的人生注定要比别人精彩！

经过鲜花的洗礼后，我的心情久久不能平静。那时，我并不能做到"万花丛中过，片叶不沾身"的境界。但是接踵而来的考试没有给我时间去回忆那个美好的时刻。一个月后，我迎来了第三次月考，也是我高一的最后一次月考，剩下的就是期末考试了。第三次月考，我发挥很稳定，继续待在班级第十的位置，在年级的排名还向前推了几名。一直到高一的期末考试结束，我的成绩还在稳定前进，一举把第9名的那位同学挤下去，坐到了他的位置。

高一的学习轰轰烈烈地结束了，代表着我高中时代的第一个暑假也来了。暑假一到，校外的各种辅导班开始在我们学校做广告。放假前的一段时间，经常有大学生来班上解说他们的辅导班是如何如何得好，而此时，我的姐姐已经给我买好了去浙江的火车票。

没上高中之前，我以为我的高中是像《那小子真帅》《麻雀要革命》诸如此类小说写的那样，即使比不上那样惊世骇俗，也不至于天天在为学业担惊受怕吧。读完整个高一，我的高中生活的基调基本就确定了，为学业担惊受怕，为自己的前程奔波劳累。但我的高一还是充满感动和幸福的。

什么是幸福？我给的定义是，幸福就是现实和人们的愿望间做减法。这个幸福的定义告诉我，怎么在有限的环境中实现自身的最大价值。高一的学习生活中，我一直在思考怎么去追上前面那些人，那些优等生凭什么比我优秀？观察出真知，实践出真理。当我一步步跟随他们学习的步伐，考虑自身的条件后，终于整理出一套自己的学习方法，按照这套学习方法，我步步为营，取得最后的胜利。这之后，我给幸福重新下了一个定义，幸福就是在不断追赶愿望的路上获得的意外惊喜。

一直喜欢利群的广告词，"人生就像一场旅行，在乎的不是目的地，而是沿途的风景。"那时候我希望以后考的大学在北方，那样我就可以乘着火车一路向北，欣赏北方人粗犷的民风或者是老北京人的闲适。我总是这样自顾自地憧憬着，在学校的时候没时间去想这些东西，放假后除了固定的学习时间和工作时间，其他的时间我都在想这些东西。我的青春该是什么样的？疯狂，安静还是叛逆？事实上，我的青春早已被安排好："去上大学，那里有你要的答案。"有一段时间，李宇春一首《再不疯狂就老了》戳中了多少人的泪点，我们不是不想疯狂，是来不及疯狂就老了。

到浙江后，我没有按照家人给我安排的时间作息——学习吃饭睡觉，然后，继续学习吃饭睡觉。而是去找了一份兼职，在一个新开张的超市做销售。我在思考的时候喜欢人少的地方，而在工作的时候更喜欢人多的地方，我就是这么个人。

高二篇

班主任和我在高二开学的谈话

随着2012年9月的到来，我在HZ中学的高一生活也接近了尾声，迎接我的是高中二年级的学习生活。

开学前，为了了解我这一学期要上的科目内容，我特别去学校旁边的书店买回了一大堆同步辅导书。买辅导书同时也是在选择自己的学习向导，选好这个向导对自己的意义重大。自从我决定朝尖子生的地界进发的时候，辅导书成了我学习生活中必不可少的部分。

那时市场上的辅导书可谓是种类繁多，覆盖面广。各种三教九流的人都想通过编写辅导书来赚钱，很多内容都是从网上直接复制粘贴到纸上，再在外面套个华丽的壳子就拿出去卖了。这种行为还不是最可恶的，最可恶的是误导学生的学习，这类书的内容有很多错误，印刷质量一塌糊涂，我偶尔也会买到这样的书。

到了高二这个阶段的学习，买辅导书是一件令人头疼的事。有时去书店逛了半天，都没有找到一本适合自己的辅导书，倒是带回了一本小说，这样的事情经常在我身上发生。后来看的辅导书多了，再联系到老师讲的内容和试卷上经常考到的知识，也渐渐学会了怎样去挑选一本好的辅导书。

我挑选辅导书主要看几点。首先是看答案的解释是否详细、标准，一般的辅导书都能做到语句通顺，但是在专业解释上往往一塌糊涂，前言不搭后语，初学者被这种解题方法误导，毒害甚大。接着看题目的新颖程度，现在很多的老师都在猜题出题，学校都有自己的研究团队去做这项工作，因此他们的题目应该是最新的，包含的思想内容也很丰富，多接触这样的题目可以帮助学生对本科目的体会更深入。接触面广了，试卷上的一些新奇题型自然得心应手。判断一本辅导书是否有这样的题目，很简单，看题目前面是否有批注一些学校的名称。然后就是看是否有历年的真题。高考的试卷都是按照高中学的知识点出卷的，HZ中学临近高考的时候都会发一本考试大纲，这本书上详细记录了本次高考需要考的知识点。找寻高考试卷上每一题对应的知识点也是辅导书作者的一项任务，做这类题目不仅能让学生熟练掌握知识点，而且能让学生早日接触高考题，摸清高考题的规律，形成良好的战略目标。

　　上面就是我经过长时间的实践，得出的快速选择辅导书的依据。也许对那些苦于怎样选择一本辅导书的学生有一定的帮助。

　　继续说我的高中二年级学习生活。再次走入那个熟悉的班级，心里有一点小小的激动。前面已经说过，因为我在高一下学期的期中考试中表现突出，座位向前移了，坐在第四排，这个座位注定我在高中二年级将会发生许多意外的事，因为他刚好是这间教室的黄金点，另一个就是离那张清秀的脸只有一桌之隔。

　　来到这个教室，我再次充满了力量。开学伊始，学习气氛不是那么紧张，偶尔我也会花一些时间去打打球，比如乒乓球和篮球。我发现我的进步非但没有引起那群"狐朋狗友"的反感，反而引起他们对我的尊重。

坐在教室的最后面，面对考试无望、升学无望的人生悲剧，我曾经和他们一样产生了极强的仇"富"心理。这里说的"富"是成绩富有，而感情冷淡的人。只是我和他们选择了两条完全不同的路，我选择了和那群"富"有学生一样的路，他们选择了冷眼旁观，活在宅男编写的玄幻小说世界里。

同样是青春的消费者，为什么不给自己的青春一个亮丽的舞台，一束聚光灯呢？为什么不呢？我的青春有聚光灯，因此我看懂了那些富有学生艰辛背后的幸福和快乐。

那时候，我虽然坐在第四排，但是我并不敢和第三排的学生说什么话。一个原因是我给他们的证明还不够，资本不够。另一个原因是他们大多高傲，讨论题目的时候基本是和左右讨论，很少转身去关注后面的人，在他们的心中，我们同样是资本不够的。在我还没有完全追上他们的步伐前，他们对我来说还是一道遥不可及的背影。距离让我和那张清秀的脸中间产生了美，也让我发现了我和那些尖子生间的差距。

高二阶段的学习主要还是吸收新的知识，这阶段学习的知识点在高考中占的份额一直很大。高二不管是对于谁来说，都是很重要的一年。高二之前一个人的成绩会有很大的变数，高二之后，一个人成绩的变数就是意外事故了。高二各科学习的难度都会有所增加，拿我自己来说，高一的时候，可以通过下课努力去把上课没有听的内容补回来。到了高二，补起来就相当吃力了。

像生物这门学科，HZ中学在高一的时候，把它当作是副科来学习的，即便是我所在的理科班，对它都是一种无所谓的态度。到了高二，完全是另一个模样。生物老师会给我们订报纸，花大量的时间给我们讲例题，有时也会讲讲未来生物学的发展前景。此时，生物又成了我学习的一个陌生学科，随着所学问题的深入，学起来有些吃力。

再看看物理。高二的时候，物理进入了电磁学学习，而电磁学是高中所学物理中最难的一部分。电磁学的试题可以出得特别"变态"，这些题目只要中间一个环节出错了，整道题的解法都是错的，更"变态"的是我还能算出自认为正确的答案。另一种情况就是看到题目不知所云。举个例子，我高三的时候代表班级参加县里的物理竞赛，整场考试四个小时，一张试卷除了五个填空题，只有四个大题，一个天体运动，三个粒子运动。某种程度上说，天体运动和粒子运动都可以归到电磁学的内容。很无奈，那四个小时我不知道自己干了什么。

而化学不再是简单地把几个残缺的化学方程式补齐，也不是一个模式的样本分析，而是进入了复杂的数量分析。这类题目大多是综合体，中间环节比较多，样品的反应方向也不会单一。而且刚开始接触有机化学，以前在无机化学里积累的那一套知识在这里完全不管用。

上面主要说的是高二理综的知识点，而语数外三科的学习难度也有所增加。

因此，在这个学期开始，我就给自己订了严格的学习计划。如果由于某些突发的单元测试耽误了时间，就利用下课时间和中午午休的时间补回来。这样的学习可以帮助我快速掌握老师上课讲的知识点，也仅是掌握，至于要熟练应用这些知识点，难度又会有所增加。

高二的第一次月考在国庆节后匆匆地来了。老规矩，考试时间提前一周下达，也就是国庆节放假前，假期结束，全年级第一次月考正式开始。那个国庆节，我过得并不舒心，在家里向来放假懒散惯了，这次突然要复习备考，一点都不习惯。那个假期也是我过的最糟糕的一个假期吧，床上堆满了课本和辅导书。在书桌上做各科的试卷累了，就去床上看一会儿书休息一下，有了精神继续去思考试卷上的题目。晚上有时看看笔记本，有时练习心算。

看笔记本主要是为了记住知识点，和做练习题比起来相对比较轻松。心算练习就比较花时间，也很耗脑力。心算一般是自己不想动笔计算的时候，完全依靠脑力在心里把题目演算出来，最后通过正确答案来纠正改错。心算一般对选择题有帮助，心算的时候通过读题来理解题目中的意思，然后在脑中演算，根据题中提供的四个答案很快做出判断。不过，也有的时候往往不需要计算出最后的答案，就能得出正确答案。在这个过程中，心算帮助我提高了做选择题的反应速度，为后面的填空题和大题省下了宝贵的时间。像化学里的选择题需要计算的比较少，题目只要在脑中过一遍就能得出最后的答案，心算可以帮助我极快地验证正确率。如果是后面的大题，一般是在脑中构思解题步骤，包括公式的代换和变型，全部在脑中进行。如果还需要练习数字计算的能力，也可以试着代入题中提供的数据，在脑中计算出最后的答案。对我来说，花了半天在脑中算一个大题，最后得出与标准答案一模一样的答案是一件很享受的事。

但是，这样的安排也只能保证我一天非休息时间的50%花在学习上，不得不说，在假期，学习就是我的一个大累赘，影响食欲和看风景的心情。

2012年的国庆节很快结束，我在黄金点上坐了一天就奔向其他的教室开始紧张而急促的考试。由于我在这一个月的时间里学习没有偷懒，加上我赌上了半个国庆节，各科试卷做起来还是挺顺手的，试卷上也没有留下大片的空白，这也是一种进步吧。

学校老师批改试卷的速度很快，没过几天，各科试卷就相继发下来了。上天没有辜负我的努力，我在光荣榜里已经扎稳了脚。班级排名顺利向前推进一名，年级排名向前推进十名。我的心又小小地兴奋了几天。我发现各科老师好像开始关注我了，上课的时候，在他们的眼神中我看见了鼓励。以前各科老师在黑板上出一道难题，都会先从后面挑几个差生站起来出一个"洋相"，时机成熟后，就点第三排尖子生的名。这时候尖子生大多不负众望，非常流利地回答老师的提问。偶尔遇到极难的题目，问了几个尖子生都不会的时候，老师就会自己解答。我发现，现在的我出场好像也是在后一种情形了，这点改变，让我的虚荣心小小满足了一下。在他们上课的时候，我听得更加卖力了，笔记差不多都是整黑板的录入。

这之后，班主任找我来了次face to face talk（面对面谈话），给我传达了几个信息。根据他七八年的教学经验，照这样的成绩，如果我不变的话，我能考上大学了，上个三本的学校是没有问题的，二本有点困难；老师们都看见了我的进步，记在了心里，希望我继续保持；多和前面的学生交流下学习经验，对我的学习有帮助；上课回答问题活跃点，有助于大脑智力开发；晚上少和那群差生扯东扯西，影响睡眠。

我的班主任是个能说会道的人，这场谈话持续了45分钟，刚好一节晚自习的时间。这次谈话结束，我的心里久久不能平静，有兴奋也有不甘。兴奋是因为老师们承认了我的能力，不甘是他说我可以上三本学校。难道我的宿命就是三本大学吗？呵呵，这个问题谁知道呢？以前算命的先生还说我考不上高中呢，而现在我不也好好地坐在这个教室吗？

那时，我和班主任之间的关系非常微妙，一边不喜欢他这样的教学方式，一边也极力想得到他的肯定。这样的关系时常让我陷入矛盾之中，我在为谁努力？为自己还是为他？进步了又如何，他的眼里只有他的那些尖子生，我们这些绿叶顶多算是生命力顽强，哪比得上那些天才？

毕业后和班主任进行了最后一次谈话，其实那次我误解了班主任的意思。他的重点是想让我把心放平，不要因为一点小小的成就得意忘形，故意把我前面的路说得很艰难，还是希望我一如既往地吃苦耐劳。

误解是件可怕的事情，因为误解，使我对班主任的课有些抵触心理。那个月的学习糟透了，上课时经常胡思乱想，老师一有举动，就莫名其妙地以为是在针对自己。然后去想一些恶作剧，和老师针锋相对。越是这样，心里就越是不安宁。我仿佛掉入了一个死亡漩涡，在这个漩涡里，我是如此得无助，如此得无能。

我告诉自己要坚持

那个月做题的效率特别低，一道数学题摆在眼前，有时候花了一两节晚自习还是想不出一点眉目，旁边的同学看不下去了，稍微看下题目，就给出了解题思路。这样的生活让我变得异常急躁，我根本静不下心认真地解一道题。一张模拟卷做下来，全部是错误，不管是容易的题目还是复杂的题目，不是不够细心就是解题思路错了。上课，老师讲练习册上的习题时，跟同桌对下答案，都是错误，老师一叫同学起来回答问题，我就不知所措。老师后来分析题目，我也完全没有听进去。

这个现象和学习能力没有关系，和焦虑症有点像。由于某件事，心里就有个解不开的结，注意力很难集中，做起事来经常犯错，犯错多了就开始怀疑自己的能力。在心里订的计划很少能完成，一天发呆的次数超过了正常值，发呆持续的时间有时会长达一节课。

老师上课的进度没有因为我最近的不正常表现有所减慢。因为我的心情问题，我的学习计划一拖再拖，所以那段时间经常滞留了很多的作业。HZ中学的高二学生向来是要在题海中走一遭的，前面说过物理在高一的时候，每单元就有四套测试卷，到了高二的时候，各科都有数不尽的试卷需要做，化学、英语、物理、生物更是经常考试，晚自习有一半的时间在考试中度过。各科至少配套了一本练习册，有的科目还会配套两到三本。

那么多的作业，在我心无旁骛时，做起来都有些吃力。现在经常不在状态，一到老师要讲练习的时候，就在课下把后面的答案撕下来，看下题目的解析，糊弄过关。自习的时候也不会去看一遍，更不会记录笔记。学习状态不佳，导致考试时精神一直不能集中。这个时候，我就会犯一些低级错误，老师们称这种错误为弱智错误。这些错误即便是差生也很少会犯，一般的学生，这些题目都是必拿的分数，这样和尖子生的距离才不会差得离谱。而我现在就会犯，一张试卷好几处都犯这样的错误。

这里连带说说怎样做好一张试卷。说白了，做好一张试卷就一个原则：会做的题全拿分，不会做的题尽量多拿分。像我们平时考的试卷以及以后的高考试卷，不可能整张试卷都是难题，它会分几个档次，这样选拔出来的人才才会有层次。换句话说，一张试卷上将会出现必拿分题，比如三角函数的值这类的简易题。这样的题目考验的就是学生的细心和心理素质。还会出现模板题，所谓模板题，就是平时经常做的题，比如物理上的斜面物体受力分析和运动分析，还有著名的小船问题，粒子在两板之间的运动等都是模板题，这些题目，一般的学生都会解。后面就是新颖题，所谓的新颖题就是以前没有看见过的题目类型，这样的题目会出现一到两题。或者是模板题改编，中间某个环节有个巧妙的算法，这样的题目做起来花时间，非常考验基础知识，难度不一定大。

当时我的状态是在简易题上经常失分，也就是必拿的分数都拿不到，后面的题目做得也是一塌糊涂。几番测试下来，让我对考试又产生了排斥心理。我脑中有两个声音，一个声音在告诉我，不能再这么沉沦下去，不然之前建立起的优势就荡然无存了。另一个声音跟我说，学习有什么用，为谁在学习都不知道，看看最近的考试，都考成什么样！放弃吧，不要再做无谓的挣扎了，做一个安静的平凡人难道不好吗？

这两个声音一直在我脑中争吵，我一边逼迫自己看书，一边又在胡思乱想。结果往往是一丁点书都没有看进去，做题还是不会。比如背一页英语词组，以前可能一节课就能背熟，然后做起题来得心应手，现在我花了两节课的时间都不一定能够背熟，更谈不上在做题中运用了。一张试卷做完，一对答案，都是错误。一看分析，原来是这样，稍微用一下脑子就会。

一直到高二的第二次月考来临前一周，这个可怕的漩涡还没有结束。在高强度的复习中，做练习有些力不从心。笔记本里关于这一章的记述混乱不堪，根本不能作为参考资料。看着周围的人在紧张积极地备考，而我就再次像一个被丢弃的小孩一样，进不了他们的世界。

不知道什么时候开始，我经常走的那条小路两旁突然栽满了树，这些树在极短的时间内就长成了庞然大物，树枝与树枝之间纵横交错。越往前走，这些庞然大物生长得越密集，把原先的路段都覆盖住了。幸好，在其他的方向，它们又给我让出一条崭新的路。我走的这条路不再是原来那般空旷，没有一丝声响。它白天变得异常吵闹，到了晚上就不说一句话，剩下黑黑的枝桠和地表上突兀的树根。我迷路了。

考试前一天，明显感到时间不够用。给自己测试一下，发现我有很多知识点没有掌握。我仰望着11月份的天空，问自己，这个月的时间都去哪了？那时候王铮亮的《时间都去哪了》还没有出来，唯一能告诉我答案的是朱自清的《匆匆》。

考试结果出来了，我在班级里的排名一下降到了第二十九，年级排名200名左右。回味前些日子的得与失，就像是坐了一遍过山车，坐车的人已经远去，留下我和车在原点，欲哭无泪吧。如果是以前的我，我会说，这点痛，算什么，擦干泪，向前走。因为那时我一无所有，没有获得过老师的一句表扬，没有获得过前排学生的一次正眼相看，没有这个座位！仿佛这一切只是上天在让我体验。我一直以为，我前几次的进步是上天给我的圣诞礼物，最后才明白我一直弄错了一点：我是HZ中学的学生，这里没有圣诞节。我有一种被欺骗的感觉，狠狠的欺骗。

考试后，下一个程序就是各科老师对这次月考试卷进行一次全面地分析，帮助学生补缺补差。前段时间的我会在老师讲这套试卷前，和左右的学生谈论，争取把做错的题目和不会做的题目弄懂，然后在上课的时候一边听老师讲那些题的解法，一边进行一个比较，找到最简便的解题方法，然后把它们记录到我的笔记本中。现在的我在发呆，左右的学生很自觉，没有打扰我的发呆，以前的某个时候，也许他们也在经历我现在经历的事情，知道我需要一个安静的空间思考。这就像和一个体格健壮的人干了一架，被打败的人需要思考是握手言和，还是稍做休息，再干一架。我现在就是那个被打的人，他们已经把那个人狠狠地揍了一顿，这时候再来我面前描述在战斗过程中，他们是如何得英勇无畏，这不是在第二次践踏我的尊严吗？

那个时候，我发呆并不是在思考，而是在等待。等待班主任给我换位置，回到起先那个"爱与痛的边缘"。也是在尝试说服自己放弃这个无所谓的奋斗，天天在自己的世界唱着许嵩的《我无所谓》未尝不是件幸福的事情。

虽然这次我考得不理想，但班上的整体成绩在全年级的理科班排名还是靠前的。老师们讲起题目来异常兴奋，一张试卷拖拖拉拉讲了一个星期，中间经常插播他们读书的日子，而语文老师就会给我们讲玄之又玄的哲学。我呢？在这一个星期干了些什么呢？其实什么都没有干，上课的时候听听老师们的笑话，下课的时候和后面的学生扯扯学校的八卦新闻，日子过得不紧不慢。只是我等待的结果一直没有来，班主任似乎忘了给我们换座位。我一点都不觉得奇怪，班主任向来喜欢突然下手。也许这是班主任能为我做的唯一的意外吧。

如我所料，周一的班会课上，班主任把新的座位名单写在了黑板上，这两天他只是在酝酿。我早已收拾好了书，只等他把我的名字写在黑板上，我就离开这儿。若干年后，我想它是我在这间教室进行的最远的一次旅行，是旅行总有离开的时候，现在，时间到了，我该离开了。

班主任在黑板上写了15分钟的名单，这15分钟中，我一直在盯着他手中的粉笔，在哪里画出我的下一次旅行目的地，或者直接把我打回家。可是好像他故意在捉弄我，看着他一个又一个地写出其他人的名字，就是没有我的名字。15分钟结束了，黑板上新的座位名单已经完成，我重新找了一遍，没有我的名字，没有我的名字！我旁边的几个同学好像也发现少了我的名字。

班主任看出我们这边的惊讶，说了一句："名单是昨晚熬夜弄出来的，刚发现好像少了一个人，不管了，那个少了的人就不用换座位了。"

不用换座位了？我不用换座位了？！

这是他的一时疏忽，还是故意放水呢？我不是他眼中的尖子生，从来就没有奢求拥有不换座位的特权。另一个现象给了我答案，虽然黑板上少了我的名字，座位换得有条不紊，黑板上我的那个座位好像意外地空出来了，没有填上任何人的名字。看着我左右同学的怪异目光，我表示一无所知。也许这是班主任的恶作剧，仅仅是恶作剧，不要多想。我在说服他们的同时也是在说服自己。

毕业后，我向我的班主任问起过这个恶作剧。班主任笑着说，是一个特别的恶作剧。

这个恶作剧的确很特别，让我的脑子里想通了一些事情，上次他和我说的那些话，有些话是真，有些话也是假的吧。想通了这些事，加上听了老师们一个星期的故事，顿时感觉神清气爽，又有信心去和那个体格健壮的人打一架了。

换完座位那天傍晚，我去了趟操场，狠狠地把积压在肺里的浊气吐了出去。

太阳下山的时候，我靠在那棵永远长不大的矮柏树上，看着球场上挥洒的汗水在夕阳的照射下格外闪亮。

梦想很远，我会坚持！

迟到的梦想

在追求梦想的道路上难免磕磕碰碰，现在，大学就是我不变的追求。

在我漫长的等待后，班主任最终没有把我的位置换了。说句心里话，我特别感谢他那次的决定，在我无奈的时候拉了我一把。事后，他也没有找我说一大堆的道理。那时候，我正处于青春最热血的年代，有极强的自主性，一直觉得自己能够把生活中学习上的事情处理好，我自己也是这么做的。如果现在有一个人在我旁边跟我说，你应该怎么怎么做，我反而会觉得不适应，而且还会有压力，让我不能正确对待自身的不足。

通过一段时间的自我调节，逐渐找回了之前学习的感觉。认真想想，有些事情想不通就不要去想了，如果不能控制好自己，只能说明我意志力不够坚定。由于上一个月的学习落下不少，这个月各科的学习都加大了力度，还是之前的学习方法，从基础抓起，然后才是提升。不考虑某次单元测试能考多少分，考虑我能做对多少题，以及哪些是我该拿的分，哪些是我因为粗心大意失去的分。这样安排我的学习和考试，心里那道无形的压力便消失得无影无踪。

我在这段时期给自己的定位不是优秀。给自己定位也是为了时刻提醒自己，看清自己在现实生活中的位置，尽一切努力把身边的事情做到最好。刚开始，我把目标定得比较低，考试的结果一般都会比预期高那么几分。因此，每一次考试后，我都会有一个好的心情认真总结分析这份试卷和进行后面的学习、考试。

当然，当时我的基础比较差，首先需要的是一个好的心情去应付应接不暇的课程、作业和考试。这样，怎么打破挡在我面前的障碍就显得特别重要。后期，随着我各科成绩的稳步提升，对自己的要求也是在逐渐提高，偶尔达不到要求，也不会放低要求，而会比之前更要严。这就像我和它的一场拔河比赛，我觉得自己力气还没有蓄积好的时候，我做的是如何保证自己的领地不被侵犯，后期我的目标是尽一切的努力占领它的领地，绝不放松对自己的要求。

在第三次月考来之前，我们班开展了一个名为"签约梦想"的活动，这个有点像《十八岁的天空》里的梦想墙，我们班也有一块自己的梦想墙。这块梦想墙承载着全班58个人心底最深处的梦想，没有人会去嘲笑，没有人会去说他的不是。每个人都有权利有自己的梦想，不管梦想是大是小，难道不是吗？

签约梦想的时候，我一直在纠结，填个什么样的大学好呢？初一的时候，我的数学老师给全班同学每人发一张纸，预测一下自己期末能考多少分。这个预测包含的内容很多，有自己想考多少分和能考多少分两重意思，写多了是自不量力，写少了心里又不甘。当时我写的是满分，全班好像只有我一个人写的是满分。这张纸在我笔下待了整整十几分钟，我当时的心里一直在纠结，因为我要写的是满分。期末考试有太多的不确定因素,任何一个小小的差错都可能被扣一两分。

现在我面对的是人生以后的走向,这张签约单写上了就不能改了。小时候也写过《20年后的我》《30年后的我》等此类的文章。那时候一个天马行空的想象就可以应付一切,一朵小红花就可以让我满足几天。班主任并没有立即让我们把梦想单贴在教室后面的墙上,给了我们一周的考虑时间。

很快,这个活动就湮没在高二繁密的学习中。这一周我做了16套试卷,考了8套试卷。在繁复的试卷练习中,能够让我快速找到做题的感觉,做试卷的速度也在迅速提高。比如以前一张化学试卷做起来需要两节课左右,现在有时一节课都不需要。疯狂地做试卷,你会发现平时的试卷中很多的原题目。原题目和原题型是不一样的,原题型最多是题目模式一样,做这样的题目靠模板,原题目完全是一模一样的题目,连数字和答案都是一样的,做这样的题目靠的是记忆。同一个题目在不同的地方出现两三遍后,不用刻意去记它的做题方法和答案,再次遇到它的时候,脑中很快就有一系列的公式和数字答案出现。这时候,手中笔书写的速度往往跟不上脑中记忆的速度,这也是尖子生偶然会出现一些别人看起来不可能出现的错误的原因之一。

一周的学习生活很快结束了。用《西厢记》里的语气说,"只看得是周一,原来是周日。"梦想签约单还在我语文书中夹着,这似乎是班主任规定的最后期限。看着梦想墙上贴的一张张梦想单,那是一个个希望的种子啊,我的希望种子又在哪里呢?和前面一样，当我发现生无路可走的时候，我都会去操场寻找一些答案。

和教室压抑的学习气氛比起来，开阔的操场风景给我的是动力和激情。操场上四处可以看到奔跑的人群，这也是青春。我们都一样在奔跑，追求生命的速度；我们一样有志向，赶上时间。什么样的青春最有价值？那些青春言情校园小说不会告诉我答案。他们只在我叛逆的少年时代中扮演了一个诉说和挑拨的角色，诉说他们以为美好、必须经历的青春，挑拨我更加背叛我现实生活中的角色，让我愤世嫉俗，不可一世。同时大人社会的主流思想用他冗长的思想政治教育来给我灌输这样那样的价值观，让我早熟，老成。

每一次靠在那棵低矮的柏树上思考事情的时候，眼前总会出现球场上那些不要命飞奔的人影。这些是待在深闺里苦苦学习的人永远不能体会的事情，汗水顺着脸颊由嘴唇滴进嘴里，突然发现胜利有淡淡的咸味。小的时候只知道泪是咸的，叛逆的年代知道血也是咸的，这时候知道汗也是咸的。咸咸的味道伴着远处八月桂花淡淡的香，路是遥远的，人是坚强的。

我现在只能在DJ中找到那种激情澎湃的日子了，放弃本来视之为宝的东西，追求大多数人都在追求的东西，这也是走向成熟必将经历的过程吧。既然早已放弃，又何必留恋呢？在操场上散步是我高一时养成的习惯，那时候，我经常翻开操场上的土块，因为在我的心里，一直认定这片操场原来是一个河道。这片土地里一定藏着很多美丽而凄凉的爱情故事，或是那些寒窗学子金榜题名、衣锦还乡的故事。不管怎么样，他们都是有故事的。而现在，我也在这里书写自己的故事。若干年后，这些故事也会埋进土里，结成块，和他们的故事一起组成这世间的沧海桑田。

以前在心里默念一下我要考上大学，还没有觉得有什么不妥。这会要我把目标写在墙上，顿然失去了勇气。其实我大可以写个三本的大学贴在墙上，这样可以给自己减压，以后考得好的话，别人只会说这孩子谦虚，考得不好的话，别人会说这孩子看自己看得准。可定个三本的学校，我唯一做不到的是说服自己。

最后在班主任的一再催促下，我把心里那个最强烈的想法写在了我的梦想签约单上——我要上一本。小学的时候，我的目标是考上一所普通高中，因为那时候我的学长学姐考的基本上都是那所高中，我觉得自己没有多大的能耐能够攀登得更高。后来上了初中以后才有了背水一战的想法，勉强考上了HZ中学。以前的付出历历在目，现在说要退而取其次，我心不甘。可以说我是贪婪吧，某些时候我就是这样，不肯放弃努力获取的成绩。

虽然这是我高二漫长而急促的学习生活中的一个插曲，但是那张签约单在我心里引发的激荡无法想象。在高三最艰苦的岁月里，它陪伴我走过了春夏秋冬四季，不管寒冷酷暑，它都会陪我站在一起面对身边的重重困难，即便是染病在床，我一刻都没有忘记梦想墙上的它，单手翻书复习。

作为班里的最后一个贴单人，我的梦想单终于贴在了墙上。周围的人闲的时候开始讨论各自的梦想单，这时候我都会安静地看书、做题。那时候，我还没有任何的资本去对大家喊出心里的真实想法：我想考一本大学。也许那时候我也会时常做一个甜蜜的梦，我拿到了一本大学的录取通知书，想想都觉得异常幸福。

想象归想象，我的生活还是被繁重的学习生活所包围。它们就像是一个囚笼，把我深锁在这间教室里，幸好还有墙上的那张梦想签约单在时刻提醒着我。学校第三次月考的时间安排很快就下来了，现实容不得我半点挣扎，每一次都在步步紧逼，我除了接受它的挑战，还能做什么呢？

为期中考试正名

第三次月考来临之前,我做了充分的准备。这个准备注定要我牺牲课余的时间和休息的时间。月考前一周,我再次像打了鸡血一样,经常在昏昏欲睡中逼迫自己清醒过来。最好的做法就是去一趟洗手间,洗个冷水脸。当时早已入秋,那几天,气温降得厉害,有些人都穿上了小背衫。一道凉水冲来,毛孔都会激得一缩。也不管会不会感冒,就把自己当成是一个铁人,任凭凉水刺激我的脸颊。

秋天的HZ中学都会出现一两天的狂风乱作,那种风在操场上刮过就是一股旋风。从窗户内往外面看,地面上的尘屑在旋风里打着转,呼号个不停。若是放学吃饭,顺着风,基本不用使什么劲,身子就到了食堂。逆风回来的时候,每一步都走得十分艰难,身子骨稍弱的人仿佛都要被这股风给吹倒了。平时花个半小时的吃饭时间,到了这会儿延迟到一个小时。

高一的时候,我经常顶着风行走,每次当我顺利到达教室的时候,都会有一种旗开得胜的快乐感。在这些普通的生活中寻找快乐感也是一种生存的本领,让生活的闹钟在有规律行走的情况下,怎样的与众不同就是我当时一直寻找的东西。在这条路上,我寻找了很久。这过程中,我不放过生活中的一丁点儿小事,后来发现我这样的寻找本身也是一种快乐。由于对于生活的观察越来越细微，我发现了很多人没有发现的东西，这些东西经常使我兴奋。就像喜欢读玄幻小说的学生一样，作者给他们编织了一个主人公无所不能的世界。而细微的生活给我编织了一个微世界，在这个微世界里很多运动的东西都是静止的，他们平凡而有节奏，像一张乐谱，弹起来美妙至极。

第三次月考前一周的某一天，我前面的那张清秀的脸突然转了一个身，问了我一个问题。问了我一个问题？是的。以前我没有想过我会坐在这个位置，更没想过我和她之间会有交集，更没想到她会主动找我说话，还问我一个问题。她当时问我的问题，我至今还记得，"苯环挂羟基"，她说这是她的一个朋友跟她说的，问我知不知道是什么意思。

前几天，同桌刚好和我说了这个问题。这其实是一个歇后语，也就是无聊的理科生想出来打发时间的东西，全句是这样的："苯环挂羟基——装纯。""纯""通""醇"。如果这是一个人和另一个人正儿八经地说的，明显存在辱骂的嫌疑。虽然当时我没有保护那张清秀的脸的意识，但是如果我告诉她答案了，就是我在辱骂她。这让我处于一个进退两难的境地，一边是好不容易找到一个在她目前表现自己的机会，一边是结果会造成对她的伤害。思考了一会，看着那张渴求答案的脸，我还是摇了摇头。

整件事，从始至终，我都没有说一句话。现在想想，那时候，我面对那张清秀的脸还是挺自卑的。多少年后，我明白了，面对人生中的每一次机会，都需要自己去选择。因此，人生90%的时间都在做决定中，10%的时间在实施决定。我可能要思考10秒钟，要不要回答她这个问题，但是我可能只需要1秒钟去回答她的问题。

她失望地转回了身，那张清秀的脸再次和我保持着恰到好处的距离。我把这次偶然的转身当作是生活中一次美妙的奇遇，既然是奇遇，我就不会想太多关于那张清秀的脸的事情。她还是在前面笔耕不停地学习，我还是在后面默默地追赶着她旁边人的步伐。

在如此强度的科目复习中，班主任经常讲的一句话就是"吃得苦中苦，方为人上人"。这本是文科生的一贯作风，每次作文的开头都是"天高地阔，沙漠行舟"。看了开头以为后面的行文又是少年英气，指点江山，激扬文字。整篇文章看下来，没想到写的是林黛玉小家碧玉式的感时伤怀，全然没有沙场秋点兵的悲壮。班主任也是这样，一句"吃得苦中苦，方为人上人"开头，讲一堆的练习题，然后再次一句"吃得苦中苦，方为人上人"结束。

第三次月考就在我肆无忌惮地发现生活中的微快乐中，悄悄地来了，来的时候带来一片晴天，走的时候不带走一片云彩。

久违的晴天，久违的暖风，一直未离开的月考。秋天给了我这样一份礼物。

考试的铃声响了12次后，高二上学期的第三次月考正式结束。想起电视剧里毕业季教学楼里扔书的盛况，心里就有一股冲动。何时释放那颗紧绷的心？何时结束这一切的一切？

早些时候，学校就有小道消息说第三次月考后就是期中考试。果不其然，放下书没一会儿，学校科技楼大厅的LED通知墙上就出现了期中考试的时间，两个星期后，年级考试与我们再次不见不散。

由于HZ中学向来注重期中考试的成绩，期中考试的试卷一般是根据历年高考试卷的模式出的题目。不管是题目的难易程度还是题型的设置，和高考的试卷都很相似，当然，期中考试也会报冷门，把语文试卷出得特别难，或者生物出得特别难，一个班就一两个人及格。这样的成绩对于出卷子的人说也许就是一种快乐，他们讨厌出卷子，如果学校领导和他们说可以整学生智商的时候，他们乐于接受这个"不情之请"。

对于这次期中考试，我憋了一肚子的气，就等着期中考试给我点燃一根导火线，瞬间爆发我体内的甲烷气体，在有限的空间内引起剧烈的爆炸。然后我就能回到原来的班级排名和年级排名。事与愿违，现实的骨感让我再次接受打击。

第三次月考的成绩出来后，考得并不理想，离我最好的成绩差了一半。班级排名14名，年级排名五十开外。这时候，我在生活中扮演的就是一个打不死的小强角色，因为前面有更大的障碍等待着我。换一种思维思考，比之前的29名不也是有进步吗？当然，我不能把自己深陷在这种侥幸中，侥幸只会削减我的进取心。

试卷发下来后，我没有急着去准备即将到来的期中考试。我有更重要的事情要做，从这些试卷上发现我前段时期补习知识没有注意到的地方，也是想从第三次月考的试卷中寻找期中考试老师会给我们出什么样的题目。如果我的运气好，是同一个老师出卷，他出题应该有他的规律，只要我认真分析这些试卷，说不定就能够找到一些捷径，这些捷径可以帮助我更好地应对他在期中考试的试卷中设下的陷阱。

每当这时候，我的笔记本都发挥了重要的作用。各科的笔记本里记满了第三次月考的错题和考试的时候不会做的题目，有的是因为粗心大意，有的是因为一时没有想到解法。这些题目我一般会先在原来的试卷上根据题目做一遍，也就是第一遍。这一遍磕磕碰碰做下来，和标准答案进行比照，会发现有很多的漏洞。这些漏洞包括答题的格式是否标准，答案中有没有关键步骤等，因为这些都会影响我的得分。

在试卷上涂涂画画，等把这道试题理解得差不多了，然后再在草稿纸上回忆书写步骤和解题流程以及在这道试题里蕴藏的重要解题思想，也就是第二遍。第三遍就可以完全抛弃试卷，用自己的方式把这道试题写进笔记本里，以便以后能够快速地找到翻看。

一道试题这样前后整了三遍，对它的掌握已经算是相当熟练了，以后碰到这样的题目也可以很容易应对。

从HZ中学对每一学期期中考试的重视程度可以看出，期中考试就相当于我们以后即将经历的高考。试卷是从安庆或者合肥一些高校买回来的，考试前，监考老师会给我们看密封线，监考人员也是三个，门外的巡考人员也是经常光顾我们的考场。

学校重视，学生就重视。第三次月考就像是一阵微风，在这个气温骤降的秋天，给了我一个颤栗。前面，还有漫长的冬天等待着我，这时的我就像是在肃杀的森林里寻找惊喜的蚂蚁，如果这个惊喜够大，说不定我就能挺过这个寒冷的冬天。

这次期中考试，天气变得异常寒冷。水龙头上多年未见的冰雕在一个醒来的早晨很突兀地出现在我面前，然后我被告知宿舍的水早上不能用了。找到昨天晚上没有拧干的毛巾,现在已经结了冰,在额头上放了一会,睡意消失了大半,人也变得清醒了许多。

每天我都在重复这样的生活,面对每一次身体的伤害,我都在咬牙坚持。有一句话说,只要心里有一个信仰,人就无比强大。这时,在我的心里就有一个信仰,墙上的那张梦想签约单在等待着我,前面的期中考试也在等待着我。每一次释放青春都是为某件事正名,而现在我想为期中考试正名。

前面说,这学期开始的时候,我每一天都会为自己订一个详细的学习计划,在睡觉之前,至少把这份计划中的事情做完。由于中间我的学习出了一点状况,现在不可能再按照原来那样在纸上写上一份详细的复习计划。事情太多,时间有限。一天开始的时候,我在脑中也是订了一个粗略的计划,这个计划以数理化为重点,每天花一定的时间在英语和语文上。

数理化做的都是一些综合试卷,语文以书本为主,英语做的是专题训练。大致的计划安排后,学习就找到了靶子,有目标的生活比没有目标的生活过起来更加丰富和充足。我想有一天我会适应这样的生活,然后全身心投入到这份事业中。男人只有把某一件事当作是事业后,才会不顾一切地去为之奋斗,为之拼搏。

以前傍晚去操场散步的习惯改成了在教室听校园广播。我发现,坐在这间堆满书的教室里听校园广播里讲别人的故事是一件很幸福的故事。他们的故事我现在无法去经历,有时在脑子里把他们的人生经历过的事过一遍,有精彩也有无奈,我现在的故事说不上是精彩还是无奈,我的眼里就是当下的每一次考试和墙上的那张梦想签约单。

当然，如果校园广播里给我来一首动感一点的歌曲，在我的心里也是非常欢迎的。不知道最近播音室的控制人员是不是正处在失恋期，要么两三天不放音乐，一放音乐就是《爱就一个字》。等到最后一门英语考完的时候，竟然放的也是《爱就一个字》。

等到里面唱着"爱就一个字，我只说一次的时候"，我发现，高二第一学期的期中考试不知不觉中已经走到了尾声。

我想到最后，我人生的音乐盒子里面放的不是孙楠的《拯救》，而是零点乐队的《我相信》。

相信自己就是第一……

期中考试为我正名

期中考试后,HZ中学给我们放了两天的小长假。其中一天被我拿来睡觉,另一天认真地和爸妈吃了一顿饭,然后收拾东西,乘车回到学校。

学校繁忙的学习生活已经让我忘了原来还有假期,曾经假期对于我们来说是多么幸福的事情,现在想象一下都觉得奢侈。期中考试的那三天,也没有想过后面有一个小长假来安抚我们过分疲惫的心。想到回到学校也就是学校发试卷和公布期中考试成绩的时候,这个小长假算不算是暴风雨前的平静呢?先让我回去休息好,吃得壮一点,然后回来承受期中考试带给我的巨大压力。

如果说期中考试是HZ中学给我最后的判决书,这次回家就是和爸妈道个别,然后回到学校接受最后的"刑罚"。考试成绩出来之前,人总是喜欢往坏处想。放假的两天,我心里过得并不安宁,做梦都梦到试卷上那些奇怪的公式。早上起来刷牙的时候,脑中突然就想到了考试时模棱两可的题目,或者是出现我写的作文,有没有离题,写的符不符合批卷老师的胃口。

这次期中各科试卷下来之前,我想了很多,它就像一个不需要能量补充的永动机一样,一直烦扰着我。我在想这次考试会不会像之前的考试一样，又是命运给我蓄谋已久的失败。失败过后，我又该何去何从？

回到学校，周围的同学正在对期中考试的题目进行激烈的讨论。我装作一副漠不关心的样子，捧着一本《福尔摩斯侦探集》一目十行，每当听到他们讲题目最后答案的时候，心里就特别紧张，紧接着我的脑中就会出现那个题目的做法。

小长假后的第一个晚自习，班级里一直没有停止对期中考试答案的讨论。在HZ中学，考试结束交的都是答题卷，试卷会留给我们。考完试后，班级里都会掀起一股对答案的热潮，对答案就是把自己的试卷答案和那些尖子生的试卷答案进行对照，估摸自己能得多少分。在我们的心里，尖子生的试卷的正确率都是很高的，看见一张试卷和他们有80%的相似，对答案的人就会非常高兴。为了表现自己的谦虚，他往往大声惊呼，跟他们的试卷有很多的不一样，这次肯定又考得糟糕透了。事实上他是在极力压制内心的喜悦，等到在脸上表现出这种不自觉的痛苦后就显得特别阴险。

以前，我坐在教室后面的时候，考试后最喜欢做的一件事也是和尖子生对答案。当然我不会亲自去和他们要试卷，那时虽然我的成绩不好，但本能的那股高傲一直存在，这种性格某种程度上激发了我的上进之心，也让我走了很多弯路。等到周围的同学把前面同学的试卷拿来以后，我就会和他们一样疯狂地对答案，嘴里还一直说着，事情已经成定局，对答案也没用。

现在我坐在前面，对答案也不像以前那么疯狂了。连续不断的失败和偶然的成功已经让我养成暂时的处乱不惊，换句话说，我知道我的真实水平。另一个原因是在和第三排的学生较劲，他们考完试后可以表现得那么淡定，为何我不能呢？

  眼看着放假后第一个晚上的自习就要结束了，各科老师那边还没有一点消息。对答案的人越来越多，讨论试卷的声音越来越大，有的人已经准备回宿舍睡觉了。班主任一身褐色西服飘然到讲台，把试卷往桌子上一放，下面瞬间只剩下呼吸的声音和笔在纸上沙沙的写字声。

  和往常一样，期中考试试卷成绩第一个出来的是班主任的数学。班主任什么话都没说，一张张试卷发下来，听分数，前面的分数还不低。前面的试卷照常是教室中间第三排的六个同学，试卷按照排名而来。等到念到第七个名字的时候，我的身子一怔，他读的是我的名字。我睁大眼睛看了同桌一眼，表示在求证。同桌向我点了点头，我再次确认了我的数学成绩。150分的试卷这次我考了120分，和前面的两个尖子生并列第四名。从班主任手中拿到那份试卷后，我看着试卷上的红勾子久久无语。

  鲁迅在《纪念刘和珍君》那篇文章里有一句话："不在沉默中死亡，就在沉默中爆发。"这次我竟然也爆发了一下。班主任没有对这次的考试情况做太多的评价，后面的变数太多，一门数学成绩证明不了多少。但是，对于这次数学成绩的整体水平还是很满意的，毕竟是他自己教的科目。

  数学试卷发下来之后，我就变得不那么淡定了。开始向前面的那些尖子生借其他科目的试卷答案来对自己做的答案。评估一下其他的科目能考多少分，那个晚上因为时间原因只对了英语试卷。一张英语试卷对下来，勾勾画画，和他们的答案差的不是太多，考的应该不赖。接下来，我要做的是安静地等待英语试卷发下来了。

第二天上午，各科的老师就把试卷拿到班上发了。每发一科试卷，班里就引起一阵骚动，我的心也会跟着紧张一下。中午吃饭之前，我这次考试的总分终于出来了，561分！当我听说其他几个我关注的人的分数后，期中考试在我心里设的坎就消失了。这个成绩让我重新回到了第二次月考前的班级排名，全班第7名。

前文说过，这个班级呈现严重的两极分化现象。第三排的6个尖子生是这个班级最主要的标志，而在这6个人中，有两个人一直和第3名有四十多分的差距。从第3名开始，这个班的真正成绩才刚刚开始。这次我考的分数也就比第6名少一分，对于当初的那个目标已经很接近了。

一周以后，学校的光荣榜出来了，我挤进了年级前40名。561分对于我们来说是个什么概念？也就离一本线差几分，如果高考我考到这个分数，可以上一个很好的二本大学了。但是从另一个角度上考虑，这是不能拿出来比较的。目前为止，我们理科仍然是分科考试，现在的理综分数在高三的时候都会缩水。

此时，我的脑袋里还没有理综的概念，物理、化学、生物对于我来说还是一门门独立的学科。如果真要我说它们之间的联系的话，顶多是在计算方面和数学都沾了点边。事实上，学到最后就会明白，这三科之间的联系远不止在计算方面有一些共同点，当研究到人体科学的时候，三科的知识都是相通的。在高二阶段，我要做的事情很简单，就是把单科的成绩弄上去，尽量不让任何一科拖自己的后腿。到了高三，我想就是个知识的整合过程，这种整合资源的能力在社会中也是一个相当重要的能力。

一个人在社会上不可能脱离一个群体而单独存在，周围有限制他的环境因素，人们喜欢把这种制约个人发展的东西称作是障碍。在我们周围，除了障碍还有另外一种东西，就是我们的资源。那些隐藏在我们周围的资源往往是解决这些障碍的密钥，因此能否利用好这些密钥将决定你能否办好一件事。

高中知识学到一定的程度，后面就是一个知识整合的过程。知识的整合首先要有时间的整合和周边资料书的整合，当我们处于一个由花花草草构成的纷繁世界时，我们往往不能够清晰地认识到事物的本质，这些事物的本质关乎我们的付出，关乎某个青春故事的结局。

整个高中，我一直认为我是在写一个关于青春的励志故事，如今，这个故事又朝着美好的结局发展。我向别人证明了我又一次走到了这个班上的黄金点位置，如果让我上台说感言，我也会喷出一句句狗血的获奖台词，说到动情处也会飙泪，说到兴奋处也会手舞足蹈。

当然，前面的这些想法在我的脑中仅仅停留了一天不到的时间，客观地说，我现在只是拿回了曾经属于我的东西。在我贪婪的本性里，我还想去掠夺更多的荣誉，我希望这些荣誉可以不断地激励着我靠近那个梦想。每天离开教室的那一刻，我都会回头望望教室后面的墙上那个我用小豆芽圆珠笔写上的大学梦。我曾经不止一次用自己的脚步测量我与它的距离，从我的座位到那里是12步。这12步的距离，我走了两年，在青春之花开得最热烈的时候。

　　HZ中学的期中考试，学校领导重视，老师重视，学生也重视。大家重视造成的直接结果是老师评卷的速度特别快。以前要花上一周评完的试卷，期中考试往往只需要两天就能把各科试卷评完。在期中考试后，学生们都自觉地在老师评卷之前把不会做的题目弄懂，这种弄懂得益于几个同学在一起对答案时的争辩。后来我相信一句话，一个题目，争辩就能懂了，毕竟这时候的争辩也是一种思维的碰撞，碰撞往往能够爆发出知识的火花，这些都是当事人始料未及的。因此，在学习的时候，不要吝啬和同伴争辩，争辩后我们就能找到需要的真理。

　　期中考试后，也就预示着高二第一学期的寒假即将到来。看到这里的时候，有的人会问，期中考试一般不是在一学期的中间吗？关于这个问题，我曾经也百思不得其解，后来逐渐明白，HZ中学从来都是一个不按常理出牌的学校，所谓的月考也不是真正意义上的一个月一次，一学期顶多有三次月考，外加一个期中考试，后面就是期末考试了。

　　HZ中学每学期的期末成绩单都会寄到学生家，某种程度上说，期末成绩才是出门在外打工的家长所能看到的孩子的成绩。期末考试的好坏，也直接影响着家人、亲戚、邻居对学生的态度，我也不能例外。当我还是差生的时候，每个寒暑假我都要面对他们看我时的异样目光，老爸经常在外面说的一句话也是"恨铁不成钢"。当我有了今天的进步时，老爸还是一副恨铁不成钢的样子，回到家一般不会有好脸色看，周围的亲戚朋友一看到我的成绩在班级排名第七的时候，对我的态度并没有改变多少。以前玩得比较好的几个朋友也被他们的父母关在家里下了禁令，在他们的眼中，除了前三名，其他什么的都不值得拿出来说。

高二第一学期的期末考试已然到来，我整个高中的学习生活也快过了一半。在这个点上，我想给他们一次证明，告诉他们即将发生一件不可思议的事情，借着这次期中考试为我正名。

高中的第二个寒假

我不是一个魔术师,但我有一双化腐朽为神奇的双手。

高二寒假到来之前,我把所有的精力都投入到期末考试的复习中,期中考试是为了向学校证明我的能力,这次期末考试我要向家里人证明我可以做到和尖子生们一样好。有些人说我是一个俗物,为了那丁点儿的名誉就把青春大把大把美好的时光浪费在争名逐利上。可是他们怎么能知道,我所做的一切只是为了证明那些自以为是伟大预言家的家伙其实就是一个普通的江湖骗子。他们让曾经的我抬不起头,变得乖戾、暴躁,不可一世。

期末考试前一个月的学习特别紧张。HZ中学在元旦节这一天,在操场上摆满了一桶一桶的烟花爆竹,这是我在HZ中学过的第二个元旦节,时间也到了2013年。晚上八点整,操场上站满了人,五颜六色的烟花在冬日的天空里绽放出璀璨的光芒。

这夜,HZ中学高三的教室里灯火通明,歌声嘹亮。前阵子,学校给每个高二的班级新安了日光灯管,晚上十点之前,这些教室都被照得亮如白昼。今天晚上也不例外,但是,外面的世界再精彩,也不属于我。我的面前还摆着这些天考的单元试卷,密集的考试已经让我觉得有点忙不过来,其他的事情更无暇顾及。

由于我期中考试再一次的突出表现，我已经取得了第三排学生的信任，平时偶尔也会得到机会和他们讨论一些题目。每当这时候，我都是十分卖力的，唯恐前面那张清秀的脸不能听到我的声音。我与她仅是一个桌子的距离，而这个距离让我感觉虽近在咫尺，却远在天涯。自从上次问过我那个歇后语后，她就没有回过头看我一眼。难道是我表现得太过张扬，还是，她喜欢安静的男生？

这些明显不是我现在要考虑的事情，我要做的是表现得更好，引起她更大关注，然后，就没有然后了。

高二第一学期期末考试来得很急，走得也很急。寒假到来的时候，宿舍的人都迫不及待地收拾好了东西，就等最后一科英语考试答题结束，他们就可以回家了。这次，我没有像他们那么匆忙，收拾东西也是一副慢吞吞的样子。因为期末考试结束的时候，让我感觉到我的高中生活仿佛已经走到了尾声，心里有一股莫大的恐惧。

这种恐惧在期末考试前，一直被我压在内心的最深处。那时候自己的身体不允许我把这种恐惧释放出来，而现在，所有期末考试的科目已经考得差不多了，心头那块石头也陡然放下了。那股深深的恐惧便突然侵袭了过来，一时让我不知所措。

这股恐惧来源于2013年的元旦节，也就是这届高三办元旦晚会的那个晚上。那天晚上，我听到太多关于他们的故事，而这些故事已经到了告诉我们结局的时候。在晚会上，毕业班的老师和学生们一直都在一起，让我感觉到了离别的味道。他们离开HZ中学之时，也是我上高三的时候。因为我没有准备好，所以恐惧。

期末考试结束,那种恐惧就如影随形般地跟着我。我回家连续失眠了好几天都是因为这种恐惧。一周以后,初中的同学相继回到了家,和他们玩在一起的时候,这种恐惧才得以逐渐消散。后来,学校的成绩通知单也送到了我手中,还保持在班级第7名的位置上,总分和期中考试的分数差不多。对于这个成绩,虽然心里有些许的不甘,但还是很满意的。老妈特地给我煲了鸡汤来养身体,我调整了一下情绪,重新回到了放假的学习计划中。

高中的第二个寒假,我依然没有报辅导班。走的时候,到学校附近的书店买了几本下学期的同步辅导书和一些杂志。学校给我发的寒假作业我做得很快,这种作业我很少去对答案,基本上拿来练习做题的速度。像语文和英语,我也不会每一题都尝试着去做。而是选取几个比较典型的单元,其他的照着寒假作业后面的答案抄一遍,如此而已。

相较于做学校发的寒假作业,我更乐于看下学期的辅导书,或者是在阳光下一边喝着茶,一边研读一本过期的杂志。说实话,初中以后,我对小说不是很感冒,就像我对韩剧不感冒一样,我比较喜欢看杂志和一些名人传记。寒假对于我来说,就是有大把大把的时间可以睡觉,看自己喜欢看的书。

出于之前那种恐惧心理的考虑,我回家的时候,特地看了一些关于心理学的知识。我涉猎的心理学知识都比较狭隘,知识的来源无非是初中买的乱七八糟的杂志和一些书籍。偶尔也会看一些关于我这个年纪的爱情观什么的,还有一些教人怎么认识社会的书。看这些书都是为了让自己对待身边的人和事更加理性,不管怎么说,我是个理科生，就应该有一个理科生应有的冷静和睿智。

当然，寒假里，我学习新的知识并不是很顺利。之前习惯了老师在上课的时候一言一语地把陌生的知识啃烂了教给我，这会儿完全让我自己啃，不免有些吃力。有时候一个知识点，我花了几个小时都可能一无所获，这使我十分烦躁。每每这时候，我就会找一些轻柔的歌曲和文章来舒缓一下紧绷的心。有时候，我和它较上了劲，想得头疼得厉害，也不放弃，直到太阳下山了，一阵晚风吹得我身上发冷。

当我专心投入到学习上的时候，经常发生上面的事情。累的时候，想起那些古人求学的坎坷经历，心里便舒坦许多，相比于他们，这些苦又算得了什么呢？

高中的第二个寒假，80%的时间我都待在那个小小的书房里。遇到晴朗的天气，天气比较暖和，我也会随手带上一本书在阳台上一边晒太阳，一边看书。累了的时候就看下四周的风景，那些青葱的绿向世人证实了雪莱的那句诗："冬天来了，春天还远吗？"在这里，我只希望我能够安稳地度过人生的冬天，然后在来年春天做个好梦，这个梦在夏天的时候成为现实。

高中的第二个寒假很快就到了尾声。高中这个战场上还有很多的地方等着我去征讨。在别人的战场，也许我不值一提，但是在我的战场，我想成为救世主。我是个平凡的人，只想拯救自己。

寒假里，我也关注了一下当年的高考文理科录取比例。从某种程度上说，读理科的我还是比较幸运的，也只是比较幸运而已。能不能考到自己理想的学校还是一个未知数，现在跟我说理想的大学还为时尚早。我只能努力把成绩提上去,等到了高三的时候根据自己的真实情况再给未来做一个详细的规划,这样可能比较实际一点。

离开家的时候,老妈给我收拾了行李。我一直想人生有一场远行,我想接下来的一年半就是为了那次远行做准备。这次,又该有怎样的故事等着我呢?

我对学习各科知识的感悟

我高中的第二个寒假过得很快,寒假结束了,新的学期也就开始了。之前我还在想HZ中学高三的学生初八上学是个什么样的场景,没想到几天之后我也要重新回到HZ中学。时间仿佛在这里加速流动了,我意识到什么事只要有了开始,它结束的时间也就近在咫尺了。当我开始想某一件事的时候,这件事已经在我旁边起着变化,然后在我还没来得及准备的时候就出现在我的眼前,猝不及防,又在意料之中。时间以捉弄人为趣,难道不是吗?

即使时间有捉弄我的成分在,我也没有和它谈谈的冲动。在我的心里,留着唯一的热血是对我的学业。这些热血必须保留着,时常还要为它加点火气。天气太寒冷,春天的味道还没有真正降临到这所学校。此时此刻,在我的脑子里,我的世界只有这所学校,它就是我的全部生活。

当我重新走进那间熟悉的教室时,周围的同学好像瞬间就懂得了很多的东西,也没有什么开学初期的适应期,一回来就投入到紧张的学习中。这个学期,在我的心里一直有一个扎根的想法:HZ中学的荣誉即将交给我和我周围的人身上,上一届高三的学生马上就会完成他们的使命,我们也快走上他们现在的位置,有些期待,有些害怕。

　　学期开始，各科老师的教学进度就比往常又快了许多。以往上课的时候，不管是年轻的老师还是年长的老师，上一会儿课就会蹦出一个笑话。一年之前，老师们有时候能把一个笑话讲三节晚自习，如今很少再有听笑话的机会，迎接我们的是上课、讲例题，然后还是上课、讲例题。老师的上课到了无限死循环中，我天天要面对的是数之不尽的例题和试题。这样的学习生活也算是成长的一部分吧。

　　到了高中二年级的学习，各学科的特点已经很明显了。先从传统的语数外说起。

　　语文在这个时候还是在上教科书，不过离系统复习的时间已经很接近了。一般的老师上语文课都很枯燥，特别是上书上的课文分析，老师自己拿个教科书把课文读一遍，然后照着学校的辅导书把整篇课文分析一遍。整节语文课下来，听的人极少。2012年"杜甫很忙"就发生在语文课上。

　　理科生对于语文向来又不怎么重视，除非是那些想考重点大学的学生，他们要全面发展。一般的学生会退而求其次，放弃语文的学习，把大量的时间花在英语、数学和理综的学习上。这里暂且不论他们做得对不对。在我看来，语文的学习还是很有必要的。不管是出于未来找工作的考虑还是为目前的高考考虑。

　　关注国家教育政策的学生就应该发现，近些年提高国民语文水平的呼声越来越高，具体表现在提高高考语文分数。以前上高中的时候，学校一般会把学生的英语成绩看得特别重，而对语文学习关注得越来越少。到最后，英语的相关语法学得十分透彻，做起英语填空题来一点都不含糊。相反的，语文试卷上什么现代文阅读，文言文阅读答得一塌糊涂。很多大学生连一个句子的主要成分都不知道。针对这种现象，教育部颁发了一系列的高考语文改革措施。

语文的分数提高了，语文在高考中占的分量也就提高了。从另一个角度考虑，语文也成了高考的一门拉分学科。高一的时候还觉得没有什么，到了高二的下学期就应该多关注下语文的学习了。当时我关注语文的学习，一个原因是我曾经是一个地地道道的文科生大脑，还有一个原因是从最近几年的高考语文试卷上分析得来的。

当时我的语文老师是个博学多才的人，从高一把我们教到高三，师生之间的感情一直都很好，不管是上语文课还是考语文试卷都没有什么压力。之前他讲课也经常说一个笑话，高二下学期后就不怎么说了，而是一板一眼地讲课文。一般情况下，各科的老师是严格按照教学任务来的，他不会提前把课文讲完，然后马上带你进入系统的复习。因此，如果想提高语文成绩，就要平时自己花一点时间在语文上。

其实，从几次月考的试卷上和高三语文进入系统的复习中来看，语文的试题和其他科目的试题都有很大的相似点，那就是有很多的原题。前面考查的汉字拼音、错别字、病句分析，在后面的系统复习中可以看到很多的原题。而现代文阅读的一些答题技巧在后面的系统复习中也很常见，关于文言文的翻译，批卷老师看的也就是关键字的翻译，这些关键字在语文系统复习中，老师也会说。

说这么多，只是想告诉读者，这时候就可以做一些关于语文的专题训练了。这些专题训练最好是市场调研出来的，这些题目一般都很典型，涉及的知识面广，容易考。当然，语文最看重的是阅读。在高二紧张的学习中，每周看一本书听起来就不现实。一周看不了一本书，一个月可以看一本书。看的书尽量涉及广一点，理科生看一些感性的书比较好，这样有助于情商的发展。玄幻、穿越这些书就不要看了，看一些青春偶像书籍倒没觉得有什么不妥。我们20岁之前的青春注定在教室里待着，虽然我们无法经历那些青春偶像剧和书籍里的故事，但是我们可以坐在一边欣赏他们的经历未尝不是一件幸福的事情。

当时我花在语文上的大多的时间都是在阅读，高中之前看了很多的小说，种类繁杂。高中之后，看的小说多了，对待一般的小说有一些排斥的心理，看的书以杂志为主。后来为了语文的考试，买了很多关于高考语文作文的书籍。高考语文的作文写起来限制很多，如何把握好出题老师的意思很重要。高三的一次模拟考试中，我在这个上面重重地跌倒了一次，这个内容后面会再提及。

说完语文，再来说说数学。高二的时候，高中数学的特点就显而易见了，就那么几个知识点，函数、代数式、空间几何。高二下学期的时候，我正在学不等式和数列。我一直以为不等式是个十分奇妙的东西，用哲学的思想说，世间万物只有绝对的不等号和相对的等号。学习不等式的时候，书上的几个基础不等式就显得非常重要了，后面所有的不等式都是从这几个基础不等式中演化出来的。熟悉基础不等式是第一步，第二步就是熟练运用它们解题。至于怎么运用这些基础公式解题，就要靠练习来实现了。练习不是做得越多越好，是做得越精越好。

什么是把题目做精呢？前面已经说过，那就是分析题目。任何一个复杂的问题都能够分解成一个个小的知识点，做这些题目，捷径的钥匙只有一把。没有找到这把钥匙，即便是花了很大的力气把最终的答案算出来了，也是算得"头破血流"。钥匙不要等到考试的时候再去寻找，在平时的练习中就要好好收好这类题目的解题钥匙。高中各科的错题本很大程度上充当了钥匙的角色，按照人类的记忆曲线，应时常去翻翻这些钥匙。考试的时候遇到之前没有做过的题目，也可以临场配出一把解题的钥匙出来。高中数学书每章后面的练习题中也藏着很多的不等式，这些不等式题目都是经过精挑细选印在书上的，值得我们去关注。

学习数列的时候，题目里喜欢出一些特殊的情况。这些数学题目一般情况下有多解，如果题目要出难点的话，会让我们利用所学的知识把其他的解给排除，只剩下一个解。这些题目不是很难，出题者顶多给你设置些迷雾。虽然看起来题目出的是云里雾里，但是正是因为这些云雾，让这些题目很容易豁然开朗。一个题目中间设置的障碍多了，出题者就会把这个题目的破绽不经意间显露出来，我们做起来也轻松，需要注意的就是一些细节问题。

由于我们的数学老师刚好是我的班主任，年轻力壮，记忆力超强，题海滚爬多年。上课的时候"引经据典"，一个知识点到了他手上很容易就活了，虽然我在数学上花的时间不少，但是每次他讲新知识点的时候，我都有点觉得智商不够用。这时候，我就手勤一点，把他讲的题目都写在草稿纸上，下课的时候或者晚自习的时候再慢慢地消化。

最后说说英语。前面的章节说过高中英语的重头戏是语法。对于语法，一开始我是一窍不通的。英语的语法和语文的语法有很多相通的地方，我不知道现在的学生高中之前是否有系统学过语文语法，反正我是没有学过。虽然没系统学过语文的语法，也并不影响英语语法的学习。

刚开始接触英语语法的时候，很长一段时间我处于一种"不明觉厉"的境界。定语从句、状语从句这些，老师越讲我越糊涂，一时半会儿接受不了。后来，我向同学借了很多英语语法的书，系统地看了这方面的内容。这些英语语法的书里面对每一个从句的分析都很透彻，通过大量的实例分析，我对英语的语法有了初步的认识，后面自己找了几章专题训练，效果还不错。高中英语喜欢考的还有一个虚拟语句，虚拟语句一般和三种时态放在一起考，这样的话，背一些固定搭配基本就能稳拿分了。

不管英语学到什么样的程度，背诵课文里一些经典的段落还是很有必要的。把英语书上每一篇文章都当作是一部微电影去欣赏，我总能在里面找到喜欢的句子，然后背下来。背诵课文还有一种好处就是能够帮助我很快地记住这单元的单词，在理解的基础上记住它们，它们在我脑中停留的时间就会更长。当然，英语学得好的学生，学习英语是如此简单，时常阅读英语刊物，听英语广播，随口就来一句标准的美式英语。对于我来说是一种折磨的东西，在他们的眼中都会是一种享受。我不奢求我的英语和国际接轨，只想把英语这张试卷做好，如此足已。

物理、化学、生物三科到了后面的学习，需要记忆背诵的东西相对较多。如果一个人有超强的分析头脑和超强的记忆力，在这里也是极有优势的。我的记忆力一直属于大众水平，对于理综，基本是通过做题来提高对它们的理解，然后记住它们。如果遇到考试状态不佳，或者脑中的记忆突然短路了，做出来的试卷也是一塌糊涂。某门学科，一旦需要记住的东西很多的话，往往是件麻烦的事。这时候，我不得不耐着性子把书上的定律都熟悉一遍。在这里要特别注意一点，理综学到最后的时候，一般的学生平时100分的题目也能考到80分以上。但是，如果对于选修课本上的定律没有引起足够的重视，而埋身于题海中，想通过做大量的题目来掌握做这些题目的技巧，后果会比较惨。书上的基础没有熟悉透，虽然那些题目的答案也能看懂个大半，但是真正到了考试的时候，往往不能把握题目的本质，或者出现上述所说的脑子突然短路，然后就悲剧了。明明是个很简单的物理模型在现实中的应用，硬是没有想到书上的对应知识点，脑中的题库对你的帮助就不是很大了。

继续我的故事。高二第二个学期是一个重要的转折点，在这个学期如果还没有把过去落下的知识补回来，高三将会变得特别艰难。不要存在多少侥幸心理，到了高三的时候，没有谁会把心思放在一个没有希望的人身上。只有不要命地拼上一年，才有咸鱼翻身的可能。

在高二下学期的时候，通过前面几次的成功逆袭，我心里增长了几许的信心。这种信心必须通过实践得来，而不是别人天天在我耳边吹风，我是什么天降神子，命中注定的逆袭的套路。别人说的信心终究是别人的，只有自己真正获得了这种意外的惊喜后，才明白它的珍贵，后面也会不遗余力地追求它。

　　高二下学期一开始，全班就笼罩在紧张的学习中，被这种气氛影响，我也把心收回来，全身心地投入到各科的学习中。时间飞逝，第一次月考的时间安排很快就下来了。这次月考的成绩对我后面的学习生活影响很大，用一句经典的话说就是量变终于引起了质变。这个质变来之不易，让我倍加珍惜。

一个差生的质变

高二下学期第一次月考,我还是像之前一样复习备考。我的世界只剩下一张桌子、一张椅子和满桌的书籍。隔一段时间,我的桌子就会变得乱七八糟,因为我经常为了找一道题的原型翻阅很多的辅导书,这可以算是我的一个怪癖吧。那段时间,我的学习生活是平静的,就像一块镜子般的湖面,没有一丝波澜。我一直沉浸在这种平静中,用时光书写着我的青春。

第一次月考来得很快,考得也很快。考试结束,自我感觉良好。做试卷的时候没有遇到多大的障碍,很平静地把各科试卷完成了我能够完成的部分。像数学、物理最后一道压轴题这类的题目,目前为止,我只会看一下题目,能做出多少就做出多少,到了极限的时候就放弃。某种意义上说,我还没有挑战它们的能力。其他的科目尽量把整张试卷完成吧,仅是为了不留遗憾。

像批改月考试卷这样的卷子,老师批改起来异常快。考试结束那天晚上,前两天考的数学试卷就已经批改出来了。据班主任说,每次我们考完试,全年级的老师马上就会聚在一起分配任务,把试卷改完。因此我经常看到有的老师一边监考一边在批改最新的试卷,这时候班上作弊的学生基本没有,大家都明白高考作弊的概率极低,这会儿也不需要练就那般的本领，还是多学点知识才好。

第二天，所有的试卷就已经到了我的手中。这次我的理综考得比较好，300分的理综我拿到了260分，这也是我理综第一次突破250分，语数外都保持在100分以上，但在单科排名上不是很突出。因为这次的试卷做得比较顺利，各科的试卷没有花掉我太多的时间就把做错的题目更正过来了。像一些比较难的题目，和周围的学生进行了一次激烈的争论也明白了个大概，那张清秀的脸没有加入我们的讨论，准确地说，中间第三排的学生都没有加入我们的讨论。每次他们都在等最后一刻，班主任拿着全班的成绩排名单读出前20名的名字之后，四个人就会进入激烈的争吵中。班上另外那两个奇葩还一如既往地保持着沉默，一副事不关己，高高挂起的样子。

第三天晚自习，班主任拿着全班瞩目的那张成绩排名单到了教室。前面还是那两个奇葩学生，第3名也是第三排的学生。读到第4名的时候，情况起了戏剧性的变化，班主任停顿了很久，然后读出一个大家都觉得奇怪的名字。我的名字？没等我反应过来，同桌已经狠狠抓住了我的手。在这之前，前面六个学生的分数我一概不知，大概他们对于班级其他人考的分数也是漠不关心，这就造成了早就应该知道的班级排名一直处于一种神秘的状态。正是因为这个神秘的状态，让我再次收获了一份意外的惊喜。这个惊喜对于一直在学习上风尘仆仆的我来说无疑是最好的礼物。

这个礼物就像是一块巨大的石头突然砸向平静的湖面，惊起一个巨大的浪花，那一声巨响像染了瘟疫一样散在教室各地。一周以后，学校的光荣榜出来，我进了年级前十名！第一次进年级前十名，第一次突破了班上那六个人的防线。这种事情出现在梦中都会笑醒，何况是出现在现实中。那天，我在校园里走路的时候都有一种高高在上的感觉，这是一颗长期被压制的心突然扬眉吐气的表现。

回忆过去，我高中的求学之路是那般艰辛。经历了那么多的痛点，走到这里，我终于找到了大学梦的起点。也是因为这次考试，我得到了全班同学的承认，他们开始重新审视我的能力。那些我靠人品考试的谣言也不攻自破，这么多年过去，心里想起当时的那种感觉还是如此美妙。

在漫漫的求学路上，我一直坚信未来的某个时间、空间，有一个转折点在等待着我。另一方面，我也在做着不懈的努力等待着它，随着时光的流逝，这种互相等待成了彼此默认的信任，它相信我一定会做到，我相信它一定会到来。然后它选择了一个平凡得不能再平凡的时刻来到我的生命中，跟我说这个世界从来没有抛弃我，它一直在注视着我。

为了庆祝这次意外的惊喜，我特地在食堂吃了一顿好的。这之后，我发现我的学习到了一个新的高度，同时也到了一个瓶颈部位——想取得更好的成绩，是一件很困难的事情。

以前都觉得教室中间第三排的尖子生群体不可超越，我是第一个打破了这种规矩的人。非要找一个合适的理由来解释这件事，应该是我的性格比较倔强吧，倔强的人总会做出不合规矩的事情。理综成功突破250分，让我的理综成绩也有了一个质的飞跃。现在的单元测试，物理、化学、生物都能拿到80分以上，偶尔也会达到90分。我读高中的时候，题目的分值比较大，特别是选择题，一个选择题当时是5分。一般一张试卷的选择题都有一到两处迷惑人的地方，幸好那时候选择题大部分是单选题，如果是高一时期的多选题，光是选择题就可以拉很多的分。尽量保证理综选择题的正确率也是做理综试卷的一个技巧，两到三道选择题就顶得上是一道大题目。

那之后，我更加深入地学习各门科目。虽然高二下学期的第一次月考进入了班级前四名，但是除了语文和英语之外，每张试卷上都会留下一些空白。这里说的空白是对某个题目完全不会，一个原因可能是我做的题目还不够多，另一个原因是我的临场发挥能力还没有达到100%。不管怎么样，这次考试让我彻底走入了教室中间第三排的世界，他们六个人的世界突然被一个不速之客闯进去之后，不知道是什么感受。我只知道被我超越的那几个人，之后学习更加卖力了。我成了这个班上的一个学习新星，用现在非常流行的一句说，这次月考是一个关于"屌丝成功逆袭高富帅"的故事。更准确地说，是一个"差生逆袭优等生"的故事。

这时候，时间已经是2012年3月中旬，初春的绿意把HZ中学点缀得勃勃生机。世间万物都憋足了劲，只等某个喜庆的日子，一起加入到3月阳光下的盛宴中。

在HZ中学生活了近两年后，学校破天荒地在全校开展了一次"我的励志青春"的演讲比赛。通知是下来了，文科班的学生还好，不管是男生还是女生，报名的人挺多。到了理科班，似乎遇到了极大的障碍。那时候，全班都沉浸在一心一意的学习气氛中，学校一切与学习无关的活动都进入不了这些教室。

　　班主任和语文老师虽然在班上说了很多遍，但是每次都收获甚微。老师一在前面说，下面的人就把头低到了桌子上，其中我的头放得最低。虽然前不久，我刚在年级月考上取得了一个突破性的成绩，但是我考试做的试卷和这次演讲没有半毛钱关系。还有一个最重要的原因是不想因为学校演讲比赛的事情耽误我的学习。从某些方面来说，我不大相信我们校学生会那些人的组织能力。拿我们班的组织主席来说，当时就是班主任随便把我之前的一个同桌叫过去开会的，然后就是坐在一个会议室听领导发言，去十次才会给我们带回来一条有用的信息。比如我们该交团费了，学校的安保漏洞已经得到及时的弥补等这类的消息。

　　当班主任第四次在讲台上说这次演讲的事情后，不知道我是不是被鬼摸了头，竟然伸了一下有些酸痛的脖子。瞬间，那个火炬一般的目光就停在了我的身上。如果我可以和班主任神交的话，他肯定可以从我和他之间的精神空间读到我有一万个理由不会去参加这次演讲比赛。下课后，班主任让班长捎话给我，他很看重我，这次的任务就交给我了。

　　虽说我有一万个理由不想去参加这次演讲比赛，但班主任的一个命令就代表了他有一万零一个理由我必须参加这次的演讲比赛。没有办法，为了应付这次演讲比赛，我不得不放下手头的练习册，用一个晚上的时间写了一篇关于青春励志的演讲稿。

　　那个晚上对我来说并不轻松。时光倒退一年，也许我还可以很轻松地写出一篇漂亮的演讲稿。如今的我，早已脱离了书生之气，满脑子的都是书上公式的变型和演化，也不可能写出多么感人肺腑的句子。一篇八百字的稿子改了又改，越来越觉得写得不像样。

当第三节晚自习结束的时候，勉勉强强把演讲稿完成，一想到还要熟悉、背诵稿件，脑中就一团麻，心里不知道把班主任骂了多少遍。以前做一个差生的时候，最喜欢的事情就是在这些事情上起哄，但现在这些事情的主角变成自己了，还真有点觉得不知所措。本来我被迫参加这次学校的演讲比赛，全班就没有多少人知道，估计那张清秀的脸那天晚上一直奇怪我怎么老是丢草稿纸，更别说他们对我取得什么样的成绩抱有什么想法，事实也是这样的。

演讲的那天晚上，除了我们班的主席同学陪我去，也没有小说里经常写的班级啦啦队，周围的同学也只知道班里少了两个人。他们猜测我和主席同学可能做伴上厕所去了吧。到了演讲的地点，一看评委阵容就认识我们的语文老师，其他的人一个都不认识，我的主席同学倒是轻车熟路地和周围学生会的人搭讪，完全把我晾在了一边。

前面的学生一个接一个地上去了，临近到我的时候，心跳突然加快了。我告诉自己，我不是小偷，他们也不是警察，只是一群白菜萝卜，读一下稿子很容易就过去了。随着主持人让我准备的声音传来，我一双手混乱从口袋里掏演讲稿，掏了半天都没有找到。一拍脑袋才想起来，刚才走出教室的时候演讲稿是在我手里，中途因为紧张去了趟厕所，把演讲稿交给了我的主席同志。主席同志？就在这个关键时刻，我才发现主席同志已经不在原来的位置了，消失得无影无踪。紧接着，前面一个学生的演讲已经结束，我被下面的人推向了讲台。

站在讲台上，紧张得连演讲稿的标题都忘了。没有办法，此时此刻，只有死马当活马医了。面对下面众多的评委老师，我说了一句"今天我演讲的题目是《无题》。"就在下面的评委老师一阵惊愕的时候，我也不管三七二十一，硬着头皮讲起了我怎么从一个差生走到今天的故事，中间插入引述了一些名人名言和语文老师经常说的哲学思想。渐渐地找到了感觉，稿子上大量的引述也记起了一些，越说越激动。之前在某本杂志上看过一句话："要感动别人首先要感动自己。"那次演讲，我感动了自己，也感动了别人。

其实，每个人的青春都可以是一部励志史。只要他为了曾经的梦想不懈地追求，最后取得了一定的成就，他的青春就是励志的。相比于那些伟人，我做的这些就显得有些微不足道了。18岁，人生最美丽的青春，青春最靓丽的时光，我在经历一个关于高考的励志故事。伟人们已经把报国的理想付诸实践，我还在为一个大学梦苦苦挣扎。但是毕竟伟人是极少出现的，而像我这种平凡人到处都是。平凡人的励志青春才是大众的励志故事，平凡人的梦想才是人类最基础的梦想。世界由平凡人组成，给平凡人一个机会，让他们勇敢地追求一次，也不枉青春一次，年轻一回。

对于那次演讲，我和班上其他的同学一样，没有抱太大的希望。在我前面的同学，在我后面的同学都扯到了祖国建设方面。文科生的政治学得好，对此，我无能为力。演讲比赛结束，组织者让我们回去等通知。来的时候是两个人一起，走的时候只有我一个人，主席同志不见了！

　　我回到教室的时候也没有看到主席同志，直到晚自习快结束了，他从外面跑进来了。放学的时候，他很抱歉地和我说，遇到老同学了，一聊就忘了时间，然后把那张揉得不像样的演讲稿放到了我手上。

　　第二天，语文老师对于学校这次组织的演讲比赛说了一大堆，最后说到我们班的报名情况的时候，说他很失望，不过也在他意料之中。后来谈到我的演讲，说了一大堆我演讲时的缺点，最后通报了一些得奖情况，我拿到了二等奖。

　　这是我高二紧张的学习中一个不小不大的插曲，在这个插曲中，我上台说话的勇气又增加了不少。以前没有发现，原来我的表达能力可以这么好，也算是发现了自己的一个优点吧。通过语文老师一节课的讲叙，我的名字再一次突兀地刻在了这个班级十分显眼的位置上。这个显眼的位置让我在那张清秀的脸的心里留下了一个好的印象，也算是圆满完成了班主任交给我的第一个任务。我也只想完成一次，不想有第二次。难得安静的心被打搅后就很难平静下来，我在尽力摆脱因为这次演讲比赛而带来的情绪变化，专心投入到新的一轮学习中。

再尝胜果

我越是和中间第三排的尖子生比较，我越是不满足于现在的位置。我们之间的竞争也愈演愈烈，以前最多是月考和他们较劲一下，现在连平时的单元测试我都会和他们较劲。

有时晚上回到宿舍，都会在床上打开手电筒看一会儿书，其实真没看进去多少，就是为了争一口气。随着春天的慢慢远去，天气变得越来越炎热，天气一热，人就容易犯困。这时候到盥洗室冲个凉水，一点效果都没有，反而脸部的皮肤马上就干燥得可怕，紧接着脑袋也觉得昏沉沉的，脖子上好像挂了一个大袋子，头不由得往下掉。这学期的学习任务还是很重的，老师们都在赶进度，赶在高三到来之前，早点把书上的内容上完，早点开始系统的复习。在这个时候，先别人一步总是好的。

5月份左右，等待我们的还有一个会考。会考的内容包括文科里面的政史地，现在这个是理科生的硬伤，就像物化生是文科生的硬伤一样。因为分科之后，我们对文科类的课从来没重视过，所以现在只能靠临时抱佛脚，从外面的书店买一些速学的小本，偶尔看看背背。这样一弄，时间明显觉得不够，上课困得厉害。晚上回宿舍睡得也很早，早上要起床却非常得困难。

后来上课的时候经常出现这样的事情，老师才把题目读到一半，下面的学生就把最后的答案给报出来了。谁这么没礼貌，报答案这么快？原来是那些尖子生自身处于一个无意识的状态，在迷迷糊糊中就把答案报出来了，事后对自己做了什么压根不知道。有一次在我身上也发生了这种事情，幸好那个老师很善解人意，没有为难我。为了避免这种情况的发生，班主任每天中午都会来教室，强制我们睡觉。看到不睡觉的学生，就在他耳边嘀咕，我们没有办法，只好压制脑中20％还处于活跃的细胞，趴在桌子上装睡一会。一觉醒来，离上课的时间也很短了，这个时节，装睡了就起不来了。

那时候的我也特别能熬，时常熬成一副蓬头垢面的样子，头发再长点，简直可以去演贞子了。现在，我的人生差不多走了三分之一，我不能说那段时间是我最艰难的日子，但它给我的记忆却是刻骨铭心的。不是痛也不是乐，是一种苦。身体在这里顶多起到一个支撑我站起来的作用，而心中的信仰才是指引我前进的关键。就像海明威在《老人与海》中写的那样："人生来不是给打败的。"要不给打败，就要不认输；只要不认输，就没有败；没有败，就还有机会去战胜对手。

每周有那么多的单元测试，难免会遇到考得不好的时候，和前面的那些人竞争起来，短期的话，咬咬牙也就过去了，长期的话，就是把牙齿咬碎了也不行啊。因此，根据他们的学习生活习惯，我制订了一套自己的学习生活计划，这个计划就是每天比他们多花一分钟。考得不好的时候，就想到海明威的那句话，只要不认输，就不算是败。而外人又怎么能让我认输呢？这么看来，在这场竞争中，我还是可以立于不败之地的。

第二次月考的时间已经公布。现在我的情况并不允许我有太多的突进，所以我还是选择蹲在堡垒里打保守战。所谓的保守战就是主攻试卷上的送分题和中等难度的题目，复习备考过程中也不会把时间花在做那些古董级的难题上。这叫知难而退，保持战斗力。经过前面的复习备考经验，现在的我可以一边看之前的笔记一边做些模拟试卷了。

考试前的模拟试卷选择一定要恰当。题目太难，影响心情，到了真正考试的时候，一个好的心情也会促进临场的发挥。题目太简单，做起来毫无压力，后面考试的时候就难以把握住试题的难度，往往异想天开就把一个题目算出来了，结果往往是错的。用比较专业的说法，我们选择模拟试卷的时候，要有档次，所谓的档次就是能够分析出学生的学习情况的试卷。高考的试卷特别注重这一点，平时的试卷档次分得不是很明显。从这个方面看，那些三年高考和五年模拟的试卷还是有一点用的。

第二次月考来得很快，结束得也很快。由于这个月被学校的演讲比赛的事闹腾了一会儿，我的班级名次向下降了一名，年级排名还是在前十名。对于这样的成绩，我还是很满意的。这之后，班主任给我们换了一次座位，我的座位还是没有动。我想，自己还处于老师们的观察期吧。我内心的真实想法也是不换座位，毕竟坐在这个位置离那张清秀的脸是最近的，还有就是能减少自己的压力。

几个月后，当我坐在教室中间第三排的时候，心里反而没有一丝高兴的地方，而是感到压力巨大。真亏了那六个坐在教室中间第三排的学生，他们替下面的人挡住了大部分的压力。能力越大，责任越大。表面的风光后面是汗水与泪水的浇筑，他们曾经又有多少鲜为人知的奋斗故事呢？也许他们曾经也是和我一样的差生，他们今天取得的位置也是我想要到达的位置。

第二次月考的成绩再一次奠定了我在班级里的地位，曾经的那些"狐朋狗友"看我的目光都放着异彩。我好像成了他们的精神领袖，有事没事就过来串一次门，刚开始我还能一一回应，时间长了，左右的人都失去了耐性，何况是我。这件事随着全省会考的到来宣告结束，我也终于能够安静地学习了。

一年半的时间没有学政史地，这会儿突然要考这三科的内容，说心里没有恐惧肯定是假的。会考前一个月，也就是第二次月考刚结束，班里对于会考的事情就传开了。毕竟是全省都要参加的考试，又是在异地考试，心里的恐惧又增加了一点。这一个月，学校的各科老师也没讲太多的新知识，而是把重点放在了对旧知识的巩固上。

周末半天的假期，班上的学生都出去买了一些速记本来背政史地，我也买了一些。个人觉得，政治和历史的速记本还有一点作用，以前在初中的时候就是背书，其他的都不管。地理应该要靠理解，高一的时候也接触了一下地理，当时学得是一知半解。班上学得好的学生，100分的题目能考八十几分，像我当时的成绩顶多能考70分上下，每每遇到那些寒流和暖流，就会晕头转向。

虽然有一年半的时间没有学习政史地，我也没有放弃挣扎。一有时间我就会拿出速记本出来背背，看看。那时候，不知道老师从哪里搞来的文科练习题，还说历年的考试题目都差不多，只要把这些试卷上的题目都弄懂了，就能够很容易通过考试。

我真的信了老师的话。考试前，我花了几天时间把试卷上的答案都背了下来。到了考试那天，文科试卷发下来，我就傻眼了，没有一题是原题。幸好会考的试卷上的题目都非常得简单，不会做也能够瞎扯出一些。会考的成绩是按ABCD四个等级来划分的，D等级才要重考，全省那么多的理科生，我不会做的题目，他们也不一定会做。这样考虑，地理试卷上留下大片大片的空白也没有什么好担心的了。语数外，大家做得都没有多少压力，毕竟是学了那么多年的学科，互相之间的关系已经很亲密了。相较于我做文科的试卷，文科生做理科生的试卷就显得很悲剧了。前面的选择题随随便便可以糊弄，他们的试卷上后面的大题基本是空白。

这个很好理解，像政治和历史后面的大题，我可以当作是语文试卷上的现代文的阅读去做，而理综试卷后面的大题，都是有固定的公式和现象的，生物也有自己的专有名词。没有认真学，即便是想破脑袋也无济于事。我不知道文科班在这次会考中的总体成绩怎么样，我们班在这次会考中重考的人数极少。

会考并没有想象中的那么难，我考了三天，也玩了三天。三天过后，学校给我们放了一个三天的小长假，高三的学生要进行安庆二模，全校停课。

小长假里，我好好地放松了一下，一本书都没有带回家。大部分的时间都在睡觉中度过，还有一部分时间和家人一起吃饭，剩下的一部分时间在书房里翻阅一些以前写的手稿，心里充满着别样的心情。也许是在HZ中学待久了吧，对它产生了感情，这会儿想到一年之后，我离开HZ中学的情景，心里不免有些感伤。但是此时不是我应该感伤的时候，我还没有取得能够让HZ中学骄傲的成绩，现在想的都是些没有用的东西。

　　高三的安庆二模再一次让我心里感到了一丝不安。6月份，对于他们来说是解脱，对于我来说，意味着开始要承担起更多的责任。记得老妈经常跟我说的一句话："作为一个男人，责任将陪伴你一生。"第一次听这句话，似懂非懂，现在似乎明白了大概。

　　我必须独立承受这个责任！

日夜兼程

放完小长假回到学校，我的心性比以前成熟了许多。看到高三学生匆匆忙忙奔跑的背影，心里默默地祝福着他们。小长假后，没几个星期就是第三次月考了。第三次月考来得很平淡，因为我们第三次月考刚好是高三的学生离开学校，回家准备高考的时间，学校把所有的精力都放在了高三学生的高考中。老师们讨论最多的也是当年的高考题，资深老师最喜欢做的一件事就是猜高考题。第三次月考成绩下来，班主任破例没有在全班同学面前通报成绩。左右的学生之间互相报了一下分数，这次月考也就这么过去了。学校也没有把第三次月考的光荣榜在校门口挂出来，我和那几个尖子生的竞争也告一段落。

全校的注意力都在2013年的安徽高考上。6月7日，语文试卷、数学试卷陆续在网上公布了。6月8日，理综和英语试卷也出来了。全校进入了一个分析高考试卷的热潮。光是语文老师就将这次的作文题分析了两节课，其他的老师也把2013年的高考试卷一题一题地扒透给我们看。有的老师在黑板上抄题目，有的老师直接把试卷打印了出来，让我们试着做做。

一张试卷仔细分析下来，我觉得高考试卷也不是很难。和平时做的试卷比起来，题目中迷惑人的地方多了一些，细心一点，基本也会做。可能是我做2013年的高考卷的心态不一样，一张张试卷做下来，没有觉得它们有什么太难的地方。没有坐在高考的考场上，每一道题我都是带着一个分析的态度去完成的，花的时间比他们要长些，做得比他们仔细一点。

整整一周，我都沉浸在高考的兴奋中。高考过后，除了考生、考生父母、学校老师关注自己的分数外，还有像我这种高二的学生会关注高考的分数。学校喜欢把每一届的高三学生拿来作比较，我自然地也把自己和他们作比较。就像他们想超越上一届一样，我也想超越他们这一届。

2013年6月中旬，随着期末复习备考的来临，大家关注2013年高考的热潮逐渐消散，取而代之的是夜以继日的复习和单元测试。这个时候，为了让我们早点适应高三的生活，有的老师会拿些综合试卷给我们做。由于没有进行系统的复习，我当时做起来还是相当吃力。考物理的时候，成绩非常不稳定，有时候能考九十多分，有时候只能考七十多分。生物综合试卷更是做得一塌糊涂。数学没有退步，也没有进步。但是学如逆水行舟，不进则退。看着班上的同学一点一点的进步，我心里非常着急，越是着急，就越考不好。

2013年6月下旬初，高考的分数陆续出来了。当时的HZ中学考上大学的学生人数和历史人数没有差多少，和有些学校比起来，并不理想。因此，历史压在我们身上的责任更加重了。这届高三的学生走后，学校把所有的重点都放在我们身上。

HZ中学就像一个大舞台，以前我只是一名小演员，也没有认真地看过这个舞台。这会儿等我做了主角，才发现这个舞台大得可怕，当命运的聚光灯照在我身上的时候，我准备好了吗？

在HZ中学，我已经看见两届高三的学生从这里毕业。很久以前，我就想写一篇《幻想高三》的文章，在我眼中，高三既是魔鬼又是天使。但是，一直没有找到合适的时间。时间到了2013年6月底，高二的学生已经提前搬进了这届高三的教室，所谓的幻想已经不存在了，我已然成了一名准高三的学生。

后面两周的时间，每天晚上都要看书到很晚。因为2013年的高考，我在一段时间里一直失眠。反正到了床上也睡不着，还不如在教室里多看一会儿书，等学校熄灯的时候再回宿舍。回到宿舍，绷紧了一天的身体终于可以松下来，几分钟就见了周公。从此以后，我明白了，让自己超负荷工作未尝不是个解决失眠的好办法。累了，疲了，就没有精力去胡思乱想。

这样夜以继日的学习一直持续到高二期末考试的结束。在考试前一分钟，我手里还捧着笔记本，这上面的内容我写了两年。原来从商店买来的崭新笔记本，我花了两年时间让它变旧，也让它变成了一本非常重要的参考书。

期末考试结束的时候，同宿舍的人问我最近是不是读书读疯了，每天晚上回宿舍都那么晚。我没法和他们解释原因，我总不能和他们说为了治疗因为2013年的高考而出现的失眠症吧。因此只有笑着告诉他们，我一直是个爱学习的好学生，他们早些时候没发现吗？引来一阵鄙视的笑声。一年多以后，我再次和他们开了一个玩笑。除了学习，和同学开玩笑也是我最快乐的时光之一。

高中的第二个暑假

期末考试结束，高中的第二个暑假也到了。这也是我在高中最短的一个暑假，离开学校的时候，学校的通知是下学期8月8日上学。在我读小学的时候，这个传统就有了，我没有研究过它的历史渊源，也无从知晓是哪位先生定下来的规定。

这个暑假报考辅导班的学生到了历史最高峰。以前都是家长逼着学生去上辅导班，现在是学生硬要上辅导班。校外各种"牛鬼蛇神"辅导班都到学校来招生，其中大多都是从大学放暑假回来的学生，暑假里办个辅导班，赚一份外快，也是为了消磨在家两个月无聊的生活。很多学生都想着临时抱佛脚，通过暑假一个月的时间把高一高二落下来的课程补回来。

这次班上大规模报辅导班让我觉得有些犹豫了。如果是以前，我会出一次远门，看看外面的风景。现在假期变短了，高三又是高中三年中最重要的一年，现在我也是半个高三人了。我和前排尖子生可以说是不打不相识，我们之间的竞争越激烈，越有种相见恨晚的感觉。他们有的人报了辅导班，也有的人没有报辅导班。问了他们半天，也没有问出个所以然来。后来没有办法，只有去问班主任，班主任给我的意见也很模糊，什么命运掌握在自己手中，我自己决定吧。

想来想去，最终决定不报辅导班了。在学校的时候就被各种校规管着，这会儿好不容易放个暑假还花钱去找罪受，没有这个必要。

高中的三年我都没有报辅导班，从某种意义上说，我是对自己自控力的自信。即便是在家的时候，我也能够专心地待在书房学习。这是很早以前就养成的习惯，最根本的原因是我周围没有什么可以供我打发时间的东西。小时候，喜欢看电视，周末一回家就把"追剧模式"开启，大有"风雨不动安如山"的风范，时常还有一群小伙伴招呼着出去玩耍，干什么都能混上一天。

现在对电视产生不起什么兴趣，儿时的小伙伴们散在全国各地。回到家，书房就是我的所有。回家之前，特地到书店买了些历年的高考试卷，这些试卷上的答案一般都很规范，看上面的标准答案和老师讲的差不多。通过高一半年和高二一年的学习，我自学的能力已经有了一个很大的提升。由于我平时有把一道题分解的习惯，现在每看到一道精彩的高考题，我就会一步一步地把它们分解开来，从最基础的地方寻找它们的巧妙之处，这种方法对于初学者很实用。

老师讲练习题的时候一般不会这么做，这样做很花时间。一道题，老师一般会把简单的地方直接跳过去，讲一道题的精髓部分，也是解题的关键部分。每当这个时候，成绩好的学生听得津津有味，成绩一般的学生就听得似懂非懂，其实还是不懂，成绩差的学生就像是听天书。大班课，收益最多的是成绩好的学生，成绩差的学生得不到一丝好处，只会让他们脑中仅存的那点知识越来越混乱。

　　那些之前一点都不学习的学生奢求通过高二暑假一个月时间把前面的知识补回来，基本上是痴人说梦。人都有一个固定的思维，自认为超简单的过程都会自动忽略过去。像理科的试题，基本上是一环扣一环，逻辑非常严密。学生只要中间的一个环节没有听懂，后面就听不下去了。报辅导班有个好处，遇到不懂的问题可以问老师和同学，这时候就不要顾着面子问题了。再弱智的问题，自己不会的都要去问。

　　关于应不应该报辅导班的问题。前面我的班主任已经说过了，命运掌握在自己手中。根据自身的情况，再去做出一个明智的选择。基础、自控力、家里的学习环境等都应该是考虑的因素。

　　高二的这个暑假过得很快，一眨眼就到了8月份，离上学只剩下一周的时间。在家的一个月，老妈想尽一切办法把我的身体补起来。话说，身体是革命的本钱。在高三超负荷的学习中，一个好的身体就显得特别重要。精神的追求是无止境的，没有一个良好的身体素质，精神强大的人只能引起别人的同情，毕竟世界上的伟人只有那么几个，而身残的伟人就更少了。

　　走的那天，花了一点时间收拾行装。老爸对我的态度也略微转好了一点，仿佛我此次回学校是要完成一个历史使命。这个使命从我出生的那天起，就已经定了下来。我没有任何能力去逃避它，既然躲不过，只有直面它了。曾经我离这个梦想是那么遥远，两年后，我的手触摸到了梦想的稀薄空气，这种感觉让我一直难以忘怀。

虽然从古至今都有"高处不胜寒"的说法,但是没有尝试过"不敢高声语,恐惊天上人"美妙感觉的人,又有什么资格去论述高处的寒冷呢?

高三,这个名字就像一个梦境一样困扰了我两年。是它让我有了起点,也该是我让它有一个终点。

曾经在我的世界有一个欢乐的游乐场,某一天,因为一场地震,让它毁于一旦,那是我少年时代美好的回忆。这两年来,我一直在这片荒地上勤恳地种植,每到深夜,远处的凉风吹来都会给我吹来一个梦境。那天,阳光明媚,到处是鸟儿的欢唱,曾经的荒地终于变成一片一望无际的森林。看着那些参天的大树,地上绿茵茵的草地,我的心里充满了幸福。

如果我是一个农民,我要让这个世界为我也歌唱一次。

高三篇

高三，我来了

2013年8月8日，当我的脚踏入HZ中学校门的时候，我已经是一个名副其实的高三学生了。心里思绪万千，大有一展宏图的豪情，但又不得不折服在三十多度的高温下。高温瞬间烤焦了我的决心。

2013年8月，对于我来说，是一个极其难熬的月。气温高得可怕，教室里四个电风扇一天转到晚也没有给这间教室带来多少的凉意。汗水一次次地浸湿了我的背衫，过一段时间，额头上就会出现一行一行的汗水，然后随着脸颊滴到本子上。一张试卷做到最后，到处是汗渍。每天傍晚，外面的送水车都会定时给高三的学生运来一车的大桶矿泉水。

这样的天气，在教室里待上一两个小时都受不了。即便如此，上课的时候，我还得逼迫自己保持高涨的情绪。用老师们的话说，他们教书的效率是和学生的情绪有关的，学生表现得死气沉沉，他们讲课也就是糊弄一下我们。由于老师一直站在前面，他们目光所及也是前面几排学生。自从我坐到这个位置后，自然地承担起了这个责任。为了达到这种效果，我和同桌之间达成了一个秘密协议，谁上课的时候睡觉，另一个就会掐对方的大腿。不论轻重，掐醒为止。

自从有了这个协议，一旦我的学习遇到了困难，出现情绪波动的时候，逮住机会就狠命地掐他的大腿，以此来发泄情绪。当然，作为一个"称职"的同桌，他也从来不会手下留情，有多大的劲使多大的劲。古有悬梁刺股，今有互掐大腿。虽然自诩有一点文人骚客的品质，但是真要我为此写出一篇大赋出来，还是十分困难。

在学校，最先在这种天气下崩溃的是各科的老师。仿佛约定好了的，所有的老师都以喉咙发炎为借口，要求学校给学生放假。后来学校通知我们每周只上四天课，剩下的三天自由活动，所谓三天自由活动也就是变相的放假了。在不在学校待，老师们也不会管你。

那时候，很多的家长在学校旁边过起了陪读生活。大多数学生在外面住的房子比学校的宿舍好多了，起码在这么热的天不会只有一两台电扇。家远不想回家的学生，就黏上了那些在外面租房的学生，天天背上个小书包去租房里上自习，没有约束的学习，只要有一个学生挑起了话题，其他的人马上放下手中的书，大家一起海侃起来，反而浪费时间。

2013年8月的20多天，就是为了给我们适应高三生活，让我们体会什么是魔鬼训练，什么是读书之苦。高二的期末考试，班上又有几个学习刻苦的同学追上来了，曾经的班级六君子的传说彻底被打破了。我也感受到了从后排学生眼中传来的阵阵敌意，比6月6日的阳光还要炽热。以前班主任经常说"勤能补拙，笨鸟先飞"，现在班主任把这句话改成了"天道酬勤"。一开始对这个成语没有太多的理解，在我看来，努力学习，然后取得好成绩是一个很自然的过程。后来通过一个故事，我明白了它的真正含义。

有一次，借了一本同学的理综参考书来看，这本参考书虽然很薄，但是里面都是非常经典的题目，档次还比较高，做起来不是那么得容易，用的解题方法和我常用的解题方法有很大的不同，上面写了很多解题的捷径。这种书的重点就是向学生系统地介绍解题的方法，我在这里建议大家去看看这些书，上面记述很多的解题捷径都是老师上课不会讲的，在市面上买的参考书讲的也一般不会这么系统。

　　这本书的开篇是某某省的一个高考理科状元写的一篇文章，题目就是《天道酬勤》。里面的内容大概是说她在高二的时候，家里出了变故，然后她通过刻苦的学习取得了今天的成就。

　　把她的励志故事和那些名人的励志故事联系起来，天道酬勤的意思就明了了。高三的时候，这四个字也成了我的座右铭。只有坚定了信念，才能够在这条路上勇敢地走下去。不管遇到多大的困难，我坚信天道酬勤。

　　8月份很快就结束了，高一高二的学生也陆续地来了。HZ中学又恢复了往日的生机，教学楼的一楼和二楼虽然换了主人，还是和以前一样得平静。教学楼的三楼四楼偶尔也会传出一阵笑声，再往上，笑声就越来越大。我的教室在二楼墙角，每天出出进进，都尽量不发出声音。因为这时候可能有一个人正在为一个题目苦苦思考，一丁点的声音都可能打扰他的思考。

　　这时候，像理综那些科目已经开始进入系统的复习阶段了。学校给我们定的复习参考资料也陆续发了下来。语数外也进入了扫尾工作，各科老师定的复习大纲也逐一向我们讲解了一下，让我们事先有个准备。

　　这段时间的学习还是很平静的，也没有多少考试。主要是老师在上面讲知识，下面的人跟着老师的节奏把以前学过的知识重新温习一遍。复习也给了那些基础知识不牢固的学生一个补缺补差的好机会，成绩一般的学生一定要好好抓住这个机会，往往二本学校和三本学校就是一线之隔。成绩差的学生也要把握好这个机会，虽说三本的学校分数很低，但是天上是不会掉馅饼的。

我一边跟着老师的复习进度，一边把以前的书再拿出来看一遍，推推以前的公式，试试手感。这样做下去，我也发现我有很多遗忘的小知识点，对于遗忘的地方，平时做题的时候就多注意一点。这个阶段的复习，大多数人都不屑去听老师讲课，他们认为这些知识是讲给那些什么基础都没有的差生听的。然后趁着这个时间，做大量的综合试卷。

这样做的效果往往不怎么样。试卷对于我们来说，终究是一件增长解题经验和熟悉解题方法的工具，而不是我们学习的工具。试卷可以让你的成绩锦上添花，不能让你的成绩从零升到一。做再多的试卷，没有理解也是无济于事。

就在这个时候，我的学习出现了状况。这个状况打得我措手不及，无论什么时候，我都没想到过会出现这样的事情。这件事情后，后面又出现了一连续的事情，让我备受打击。由于这些打击，我再次陷入了一个古怪的漩涡，这个漩涡比之前的那个漩涡更令我难受。

进入高三的学习，我以为又会有一个意外的惊喜等着我，没想到迎接我的是一连串的失败。我试图找到一些征兆来说服自己：很早以前，命运就开始在筹备这场阴谋。它用接近20年的时间来筹备这场阴谋，只为了让我彻底地受一次打击。

不会出现的意外

意外出现在高三的第一次年级月考中。

其实到了高三的时候，已经没有了严格意义上的月考。到后来，我们都是一周一次年级统考。因为是高三的第一个月末进行的考试，暂且把这次考试叫作月考吧。

2013年9月末，学校像往常一样，在国庆节之前给我们安排了一次年级统考。由于9月份，老师讲的基本上是以前的基础知识，平时偶尔一次单元测试卷做得还不错。我早就憋了一肚子的气，天天想着通过一次考试再往前进一步，这样我才算是班级的前三甲。近来做题特别顺，简单一点的化学试卷30分钟能够做完。要考两节课的物理试卷，一般情况下一节课就能完成。

我要的机会终于来了，9月份一场针对高三全年级的统考考试正式开始了。这时候理综三科虽然还是分科考试，但出的试卷已经是综合试卷了。随着数学的扫尾工作结束，语数外的试卷无一不是综合试卷。高考离我已经不远了。

考试前，我像往常一样复习备考，做了一些试卷，然后就进入考场考试了。这次考试过后，学校给我们放了一次三天的小长假。也就是国庆节这样的节日会放假，遇到其他的节日，高三的学生只有干瞪眼的份儿。

　　小长假里,我整整睡了三天,身体疲惫得不得了。很快假期就结束了,不管怎么说,三天的小长假还是让我的身体得到了暂时的补充。如果说高考是一场马拉松比赛,家就是沿途的供给站,每次回家的时候,都能睡到舒适的床,慢慢地咀嚼饭的味道。一天睡下来,大脑处于一个严重缺氧的状态。从床上坐起来,一般都会发一会儿呆。

　　发呆的时候,脑中就会想以前的事情。回忆就像老式的电影胶卷一样,从某个节点开始慢慢地播放,一时半会儿不会停止。精神抽脱了,只剩下一个躯干还站在这个地方。这时候,外部一个很轻微的声音都能把我吓一跳。当我全神贯注想事情的时候,也是自身防御最低的时候,一个轻微的声音就会让那个噤若寒蝉的躯干吓一大跳。

　　三天后,我回学校的时间也到了。这次回家没带多少东西,走的时候也特别轻松。

　　到了学校,从宿舍走进教室,我和几个同学就被一个陌生的老师叫去整理语文试卷。三天的小长假,老师已经将考试前的试卷批改出来了。整理试卷,说白了,就是把各班的试卷给抽出来,整理到一块。老师在的时候,我们整理得都很认真,老师一走,我们就开始翻阅我们班上学生的试卷,我关注的几个学生的分数一个个的出来了,翻了半天,都没有我的试卷。

　　语文试卷很快整理完了,我的试卷还是没有找到。心里想:是不是因为这次考得比较好,被拿去当典范了,转念一想,学校什么时候有过这种事情。最后,只好带着疑问回到了教室,和其他人一起上晚自习。

晚自习结束以后，班主任从外面拿了一摞试卷进来，刚开始以为是数学试卷，最后才发觉是我下午整理的语文试卷。我旁边的同学陆续地拿到了试卷，考得还不错，都能达到100分以上。就在我左右观看的时候，我的语文试卷也下来了，71分！

看了一下分数，我着实吓了一跳。怎么只有71分，是不是发错了。等我仔细地确认了一下名字和笔迹之后，这张试卷的确是我的试卷。翻到后面，作文只拿了18分。18分的作文？在我之前的学习中从来就没有得到过这样的分数，也没有看见过谁得这么低的分数，即便是离题，批卷老师给的分数也应该是30分。这次的作文题，我认真地审了三次，怎么可能离题呢？我百思不得其解。

不光是我不理解，就是我旁边的同学都不能理解。以前每次语文考试，我和他们拉分的地方就是作文。卷子容易的时候，比他们都会高出十分左右，难的时候也会高出五六分，这会儿我的作文一下子拿了个18分，这是怎么都不能接受的。

语文的巨大失败注定我在这次考试中将会一败涂地。很快，试卷陆续地发下来了，生物的糟糕成绩让我的心情低落到了极点。两科成绩一拉，我和左右的学生已经有了50分的距离，其他的科目再怎么拉，也不可能把这个缺口补上去。

第二天上语文课，语文老师特地把我的作文当作是一个典型的例子说了一下，结论是他并不赞同批卷老师给我的分数。据说这次批改作文的人是HZ中学的老牌语文老师，是以前被省里面叫过去批改高考语文作文的一个老师。他在我的语文试卷最后面给出了他的理由，大意是说我这篇文章好句子太多，很多的意象和传统的意象出入很大。

这叫什么理由？他的理由明显不能说服我。此时的我就像是一个受了委屈的孩子，又没法去申诉。随着最后总分成绩出来，我从班级前五名的位置一下跌到了第15名，成绩下降的幅度让人咂舌。我再一次成了班里的新闻人物，又一次看见了一年前相同的目光，目光里含着贵族对平民的鄙视。在这里，成绩好的学生就是高高在上的贵族，成绩不好的学生变成了平民窟里的野小孩。

当我还是差生的时候，语文一直是我心里仅存的自信心。因为喜欢阅读，所以喜欢语文。因为喜欢写作，所以对语文试卷不恐惧。命运竟然把我心里最深的那点自信给抽走了，外表再如何强大，也禁不住这样的打击。

高三的第一次年级统考后，我再一次成了一个问题男孩。班主任第二次找到我，跟我说了我文风的问题。由于班主任是个数学老师，关于作文的讨论一度让我们之间的谈话陷入了僵局。那阵子，他在看徐志摩的诗集，跟我说了很多徐志摩诗集里的东西，越扯越远，最后还把我的文风和徐志摩的诗集进行比较，说徐志摩这样的人来写高考作文，肯定也是不及格的。后面是因为下课的铃声响了，他才放我出去。

一个人的文风是通过十几年的时间养成的，不是说改就能改的。和班主任的这次谈话，让我越来越糊涂。这就像突然有一天有人跟我说，1加1等于3一样。我曾经一直认为是对的东西，这个时候，突然有人告诉我这样做触犯了规矩，不予通过。这件事，让我那阵子变得异常烦躁。

这件事得不到合适的解决，心里就一直有个疙瘩在那里，我总不能每次作文都拿18分吧。这次作文事件，让我的心里对于语文的写作也产生了恐惧心理。

和班主任的谈话没几天，语文老师就把我叫了出去，和我进行了一次专业的谈话，后来才知道语文老师也是受了班主任的托付，平时语文老师都不会找学生谈话，毕竟他带了三个班。

前面说过，我的语文老师是个博学多才的人，在这个岗位上，他已经有了十年的教龄。语文老师有烟瘾，他一边抽着烟，一边和我说文学上的事情。他是少数几个关注青春文学的老师，他也很喜欢周杰伦的一些古典歌词，我们找到了共同点，聊起来就欢快了许多。在说到意象选择的时候，我们之间有了极大的分歧，谁也说服不了谁。他最后跟我说了一句话，现阶段的语文改革是不可能的了，我的那些理论还是留到大学里去发展吧。

从这次谈话中，我知道了很多的青春文学都是不被主流媒体承认的。高考批改试卷的专家大都是些老古董，他们年轻的时候根本没有经历过那些事情，哪会有什么的同感。我们写的东西很容易被认为是无病呻吟，这才是我的作文拿18分的原因。此前，他拿着我的作文和另一个老师也讨论了一下。那个老师仔细看了我作文后，觉得我这次的作文算是中等偏上的水平。然后为了说服我，语文老师又和我讲了范进的故事，意思是遇到这样的事情只能自认倒霉。为了求稳，他建议我去看一些高考的标准作文。所谓的作文就是"做"出来的文章。

通过语文老师的讲叙，我明白了大概，最后我不得不接受他的意见，"做"文章。毕竟，高考批改语文试卷的那些老师才不会去看什么《萌芽》杂志。

开始"做"文章，并不像想象中的那么顺利。毕竟有些东西在我的脑海里已经根深蒂固了，没有办法，只能重新开始。我去商店买了一些关于高考怎样"做"文章的书籍，从头看起。因为作文出现了大问题，后面几次考语文的时候，心里都觉得不安宁。写起作文来，缩手缩脚，生怕是哪个引用又犯了"做"文的忌讳。

语文学习上遇到了障碍，其他科目的学习也并不顺利。10月下旬，HZ中学又为我们准备了一场年级统考。

在这次年级统考中，我的语文勉强拿了90分，刚好及格。前面27分的选择题我拿了9分，后面的作文虽然没有出现太大的状况，但是拿的分数比左右的同学都要低，这次考试再次让我陷入苦恼中。除了语文考得不怎么样，数学也没有达到100分。从这两次考试来看，综合试卷比之前的月考试卷要难很多。而数学出的试题更是一次比一次难，一道题拿到手，虽然胸藏万墨，也无从下笔。

我在班级的排名也一直徘徊在前十名外。曾经让我花了一年的时间到达的位置，这会儿一两次考试就让我掉下来了，前后极大的时间落差，让我不能静下心来学习。

如果把高中比喻成海上的航行，高三就是狂风暴雨最激烈的时候。在这阵狂风暴雨中，前面的人因为顶着巨浪放慢了航速，后面的人一路加速，花了点时间也就赶上来了。看见曾经被我超越的人一个个赶上来，我感觉到身上的压力在急剧地膨胀。

我什么时候能够从这个困境中走出来？我一直走在寻求出路，像一年前一样，我经常迷路。

冷落

11月份，前后进行了两次全年级统考，我在这两次全年级的统考中表现都不佳。学校的期中考试通知已经下来，最后考试的时间定在了12月初。高三的期中考试比之前高一高二的期中考试提前了一个月。以前期中考试结束就代表着休息，现在期中考试仅仅代表着一个学期的中间，后面还有好几场全年级统考等着我。

为了给我们期中考试一个安静的环境，学校给高一高二的学生放了假，HZ中学又回到了平静。对于这次期中考试，我非常重视，简直是发了疯地学习。我在书桌上贴了一张小纸，每天遇到心情不好的时候，就在上面写一个句子。用语言来表达内心的感受，用思想来发泄胸中的闷气。

我发现这样做还真有一点作用，起码可以保证我不胡思乱想，我可以把心放在学习上。语文和英语早读的时候，我特地找来一些励志名言来背。早上越是想睡觉，我读书的声音就越大。那时候也不用担心喉咙会痛，一天到晚，可能就只有早读的45分钟喊喊嗓子，其他的时候，98%的人都在埋头做题。以前经常在一起扯的2012年世界末日，在高三来临的时候，消失得无影无踪。偶尔有人说起这个话题，旁边也没有人去附和他。没有对手，一个人自言自语又有什么意义？

经过数次的实验，我对于怎样"做"文已经有了一些体会，开始慢慢摸索作文得高分的技巧。为了找到打开高考"做"文的大门，我阅读了大量的高考作文，特别关注市面上的高考满分作文。其实在初中一年级的时候，我就开始阅读高考作文了。那时候阅读高考作文，完全是把它们当作是一种娱乐。到了初中三年级，拿起中考的那些作文，觉得他们写得弱爆了，唯有高考的作文能够满足我的胃口。阅读得多了，理解起高考的作文来更加成熟了。

期中考试之前，为了节省时间学习，我上厕所的时间都减少了。早饭、午饭、晚饭、睡觉前，一共四次厕所。学习的时候尽量不喝水，严格控制身体里的水量。那时候，学校给我们吃饭的时间做了严格的规定，每顿饭不超过半个小时。半个小时后，班主任就会到教室里来查人数，一次警告，二次检讨，三次就得去教导主任那里接受思想教育了。我给自己也设了一个吃饭时间，早饭15分钟，午饭和晚饭各20分钟。后来，我觉得这个时间还是不合理，平时一次次地打破吃饭时间的纪录。高考结束，回家后很长的一段时间内，我的生物钟还是停留在高三的时候，家里人也是见怪不怪了。

期中考试很快结束了，找了个空档，我在宿舍睡了一个下午。睡了一个好觉，前面的疲倦被消掉了大半，收拾了一下心情，晚上继续去上自习。很快，期中考试的各科试卷就发下来了，随后全班的成绩排名出现在班主任的手中，班主任照常念了名单上前20的名字。我的排名是第十，也算是这段时期的一个突破吧。这次数学试卷再一次没有考好，班上那个奇葩学生考了满分，而我才考了九十几分。我发现我和他们之间的差距在逐渐扩大。虽说距离产生美，但是当这个距离已经不是肉眼所能看见的时候，其他的很多思想都会压过美感。这次的理综三科发挥还算正常，语文还处于一个恢复期，英语一直停步不前。

期中考试后，班主任给教室的座位又重新编排了一次。这次期中考试，我总算是保住了目前的座位。现在也只能是走一步算一步了，短期内要有多大的突破是一件不可能的事。期中考试的复习强度已经到达我身体的极限，再往外超一点，就该进医院了。前面六个学生，除了那两个奇葩学生，其他的学生成绩也有所变动，有几个高二表现一般的学生在这次期中考试中一跃到了前十名，把他们也挤下来了。

这是我第一次发现学习的竞争是如此残酷。以前都是别人在跑，我在追，跌倒了爬起来再追，没有人想着要超越我，也没有人把我当作是他的竞争对手，我可以心无旁骛地向前跑。每次取得一点点小成就就非常开心，那时候，我是个容易满足的人，眼睛里一片澄澈，闲暇的时候想想那张清秀的脸。学习的日子虽然苦，但是我也能过得和小资一样开心。

自从我第一次考进班级前五名的时候，我的生活起了极大的变化，我对自己的成绩越来越在乎。从我第一天告诉自己，要做个好学生的时候开始，我就慢慢地陷进了这片泥沼中，越陷越深。有一次考试没有考好，心里就特别难受。这种难受就像是身上的某个部位在被虫咬，这种痛楚扎在心头上，久久不能平息。

这几次考试下来，我的数学开始呈现一个恐怖的下降趋势，而理综三科的成绩又是时好时坏，只能暂且把希望压在语文和英语上。除非一个理科生被逼上了绝路，不然他绝不会做出这样的选择。现在，我也差不多到了绝路吧，用神对人类经常说的一句话表述就是："非人力所能为。"我是人，不是神。我又该何去何从？

2014年元旦之前，HZ中学又进行了几次年级统考，我的状况还是一如既往糟糕。没有进入班级前十名。每次年级统考的成绩出来，班级前十名的名单都在急剧的变化中。每次班主任读前十个人的名字时，我的心里都特别激动，有一个声音在呼喊："我的名字，我的名字。"这时候，他手中的名单就带着嘲讽的意味和我说："谁认识你。"

2014年的元旦到了，我的高考正式进入倒计时。HZ中学的教学楼和科技楼都挂出了2014年高考的倒计时，每天，我都在跟自己说，高考就要来了，你准备好了吗？不确定后还是不确定。

元旦那天，学校给高三的学生放了一个下午和一个晚上的假。上午，班委会就在布置元旦晚会的事。如果不是因为元旦，我们都忘了原来还有班委会。这个元旦是我在HZ中学待得最后一个元旦，学校也给我们撤销了禁足令，高三的学生可以自由出入学校。

在HZ中学待了那么久，不经意间，它成了我生活中不可分割的一部分。那天下午，书桌上堆积如山的书都放在了地上，所有的人都沉浸在元旦佳节的欢乐气氛中。我们花了一个下午的时间把教室简单装饰了一下，尽量做到简约时尚。

晚上，HZ中学非常热闹。老远就听见高三教室里传出动感的音乐声，校外的陪读家长都涌进来观看HZ中学的元旦佳节。晚上，原来放眼望去都是书的教室，已经被我们改造得温馨甜美。外面的人进来，绝对不会想到这里每一天都会死几十亿个细胞，每一天我们都咬紧牙关复习备战高考，每一天我们都会做六七套试卷。

这样的晚会很容易引起离别的情绪，特别是等到老师表演节目时。那些陪伴我们走了三年的老师，先是说了一段鼓励我们的话后，然后再唱一首煽情的歌，瞬间戳中泪点，感情丰富的人早已在他们的歌声中哭成了泪人。那天晚上，完全抛开了课堂上的严肃气氛，老师和学生就是存在这个世间的简简单单的两个人，一起生活了两年半，彼此的感情在课堂上慢慢地积累下来，在元旦集体爆发了出来。

多少年后，他们一直是我尊敬的老师。每当他们回忆起我们当年取得的成绩的时候，我只想说一句话："无论怎么样，我们永远是他们的学生。"

2014年的元旦让我第一次真正感觉到我是HZ中学的主人，第二次是2014年6月3日的毕业典礼。那天，我发现我不是一个人在战斗，周围还有一群人在战斗。为同一个梦想，为同一个目的，因为有他们，我变得更加坚强。

2014年元旦后不久，学校安排了一次年级统考，后面就剩下一个期末考试了。

我一直在寻找一个机会让自己走出这学期学习的困境，前面的几次考试，我考的分数都不怎么理想。期末考试对于我来说就是一次非常好的机会，这次期末考试对于我来说就显得特别重要。

在高三第一学期这段时间里，我的学习一直没有找到突破点，导致的结果是我的成绩不上反降。班上平时那些成绩一般的学生，在这学期都有了非常大的进步，看着他们一点一滴的进步，我心里的滋味可想而知。

进入高三，可以说是整个高中的一个转型。前面两年的学习，就像是在浅水区游泳，进入高三后，彻底进入了深水区，随时有溺水的可能。前面已经说过，高二下学期开始，各科的知识慢慢进入了整合期，对于不同的人来说，整合期的时间长短也不一样。因此高三也是变数特别大的一年，而高考是高三最大的变数。

我现在就是处于一个整合期，各科的知识好像全部都弄懂了，深究起来，又不是完全会。平时做综合试卷自测的时候，在一个题目上多花点时间，和旁边的人讨论一下，勉勉强强能把题目弄懂。到了考试，一旦发现试卷上连续几个题目都不会做，心里就会紧张，很容易就进入做题的混乱中。一张试卷考得非常糟，问题一般不会出现在试卷难度上，而是出现在一个人的发挥上。

从前有个记者问一个非常著名的拳击手，为什么他能够一直赢下去。他说，别人向上帝祈祷赢得比赛，他祈祷上帝让他正常发挥。

从出题者的角度思考，任何一张试卷都要有它的亮点，这个亮点主要在于题目的设置是否巧妙，而不是在于试卷有多少难。如果要出难的试卷非常简单，把大学高数上的一些知识放到高考试卷中，我相信没有多少人能够把题目解出来。我们学习高数的时候，也是从高中数学知识上衍生过来的，它们之间也有非常紧密的联系。照搬大学的知识出一张试卷，就没有多少亮点了。

高三考的试卷和之前考的试卷最大的不同，在于试卷的题目形式更趋向于多样化。以前的月考试卷更多的是平时单元试卷的一个融合，月考的目的是考察我们这个月的学习情况怎么样，学校选的试卷和老师讲的课有很大的关联。而高三做的所有综合试卷都是为了应付高考这个最大的变数，没有人知道高考试卷会出什么样的题目。那些著名的教育机构，写了几本书的题目，偶尔才会猜中一道题目，后来他们所有的广告都会放在这几道题目上。

我曾经试图找寻他们的规律，结果都是无功而返。每一次全年级统考的试卷都来自不同的地方，合肥的几所高校，安庆的几所高校甚至是人民日报，HZ中学都在他们那里买过试卷。每一次考试都会遇见新题型，即便是知道这个题目要考的知识点，也有种无从下手的感觉。

高三第一学期的期末考试是不是我高三的转折点？每天晚上我都在问自己这个问题，为的就是让自己时刻保持警惕。学习是个漫长的过程，谁先放弃，谁就输了。

再一次在数学上失败

期末考试之前，班主任把这学期没有用完的试卷都发了下来，都是些单元复习题。因为这学期我的数学成绩一直不见好，所以最后的几天，我一直埋头做这些试卷。

本以为以我现在的水平，做起这些试卷来将会非常简单，因而完全把他们当作是练手的试卷，简而言之，就是考前预热。结果我做得十分吃力，越做心情越差。有时候一个中午都解不出一道题目，看看答案后，才发现这个题目是这么简单。遇到这样的试卷，人很容易受打击。一心想着虐别人，最后被别人虐。

那时候，数学的系统复习已经过了一学期，之前在班级里处于中等位置的人在高三的系统复习中，成绩得到了稳步提高，而我的成绩还是停止不前，让我怎能不急？期末考试前，做起试卷来有种破罐子破摔的感觉，不管对不对，胡乱了事。

2014年1月份，我的学习一直不在状态，上课的时候经常走神，单元测试也不尽理想。心里总有一道力在排斥它们，因为力的作用是相互的，所以我和它们的距离越来越远。高三毕竟不能像高一高二那样，出现一点问题，就放弃学习。即便是在我最艰难的时候，我也一直没有放弃学习，我想有一天，一切都会好的，不是吗？

高三第一学期的期末考试很快就到了。HZ中学照样对这次期末考试不是很重视，而守候在学校大门外面等学生的家长却全体处于焦虑的状态。老爸老妈没来，或者说我已经习惯了一个人处理自己的生活。所有考试都结束，身心处于一个极度疲惫的状态。考英语之前，就听说第一天考的数学成绩出来了，隐隐约约觉得这次考试很不理想。在做数学试卷的时候，我一直徘徊在后面的大题和前面的选择题之间。在那个关键的时刻，我的脑子像突然掉了线一样，找不到解题入口。

考完最后一科英语，我回到宿舍。宿舍的其他人都已经准备好行李，只等学校的大门打开，他们就可以回家了。不管在什么时候，家都是最温暖的。古时候大凡有所作为之人之前必会在某某仙山某某仙洞修炼个七八百年，然后方可来到这世上悬壶济世。我一直在想，我现在做的一切是不是也在修炼，日升月落，两年半以来，我的生活从来都没改变过，这是我的修炼。

天快黑的时候，车子才跌跌撞撞地把我送回了家。回家放下所有的行李，洗了一个澡，随便地扒了几口饭菜，倒头睡了过去。越是想睡，脑子里越是出现那些奇怪的符号。高三这一学期的学习，我的脑子明显不够用，为什么会出现这种情况？

躺在床上想了很久关于这学期的事情，从一开始到结束。我使劲地回想，生活中那些细节性的东西，想着想着就睡着了。这样的生活混沌地过了一周，学校的成绩通知单到了我的手中，这张成绩单又一次把我的信念摧毁了。

71分！150分的数学我考了71分。我宁可相信这是上天安排的一个小恶作剧，而不愿相信这是一个巧合。这学期语文考的最糟的一次是71分，今天，数学的历史最低分也是71分。两个71分在不同的时段遥相呼应，这是之前就商量好的吗？如果商量好的，为什么作为当事人的我一点都不知道。

　　期末数学考试后，我感觉数学没考好。可是之前也有这种考试，何时会出现数学考71分的情况，即便是在高一，我什么都不懂的情况下，起码我都能考及格啊。这个分数深深地刺激着我心里的那股高傲劲儿。有那么一段时间，我的心离梦想是如此得近。那时候，我觉得挡在我前面所有的障碍都不是障碍，每跨过一个障碍，我的信心就增长一分。往日的自卑之心逐渐消失不见。

　　假如生活欺骗了你，请不要悲伤，明天生活会再欺骗你一次。

　　在家很长的一段时间，我都是过得浑浑噩噩的。不是我惧怕失败，而是一而再再而三的失败，让我的信心备受打击。那几天除了吃饭、睡觉就是发呆，又回到之前没有希望、没有目标的生活状态中。老爸看见我的成绩单后，这次没有像之前那样胡乱发脾气，而是保持着他的沉默，老妈还是和往常一样，在家里煮些参汤给我补身体。

　　到了高三这个阶段，他们都知道我承受着很大的压力，不想再给我添加其他的压力。高中以后，放假回家，和小学初中同学出去玩的次数越来越少了。到了高三，脚都没有踏出过门槛。我变得越来越沉默寡言，一家人在一起吃饭的时候，他们挑起一个话题，也只是他们聊得开心。遇到他们问我问题的时候，我只会笑笑，没有多少言语。

　　我觉得自己得了抑郁症，我控制不了自己的心情，很小的一件事都能引起我心里深深的悲痛，睡觉的时候经常被这种痛苦刺醒。以前看过很多抑郁症患者的故事，很多的名人都是因为得了抑郁症而自杀的。这会儿书上记述的抑郁症患者的症状全部出现在我的脑海里。我现在的状况和上面的记载有很多的相似点。

　　一边是时常莫名其妙的悲伤，一边是我的学业。我不得不经常逼迫着自己去看那些试卷上的题目，看着看着一股无名的火陡然就升了起来，有一种把它们撕成碎片的冲动。我讨厌学习，我讨厌考试，我更讨厌现在的生活。

　　2014年过年之前，我的生活颓废极了，书桌上摆满了学校发的试卷，很多试卷被我涂得乱七八糟。地上都是垃圾，如果不是老妈定期来清扫，这间房早就成了一个垃圾场。以前遇到这种情况，我都会用小说来舒缓压力。现在，这招完全不管用。一本小说，才看了一个开头，便觉得它索然无味。回家新买的杂志放在床头，一页都未翻过，崭新的封面，上面残留着印刷的味道。看电视的时候，遥控在我手中按了N遍，还是找不到一个喜欢的节目。我成了生活中的重病患者，什么都看透了，又什么都看不透。

　　时间久了，老爸老妈也看出我有些问题，经常鼓励我多出去走走，老是憋在家里心情会发霉。过年后，我试着去改变这样的生活，把学校带回来的书和试卷都装进麻袋里密封起来，这段时间我不想和它们有任何的瓜葛，我要做一个纯粹的人。

　　俗话说，眼不见，心不烦。看不到它们，想的也少了点。初一的时候，家里都有进庙拜佛的习惯，庙里面拜佛的基本上是大人，小孩去了就为了玩。而到了像我们这样的年龄，去只是为了遇到以前的朋友。

升初中后，小学的朋友走了一批。升高中后，初中的朋友又走了一批。平时不是为了学习就是为了工作，聚少离多。每年的大年初一给了我们彼此见面的机会。这次，我早已失去了往年的活力，一时之间，老了好几岁。遇到他们的时候，停下来坐坐，说着说着就没有了话题。

听说以前的某某同学已经订婚了，乍一听，感觉很奇怪，当年她的成绩不是很好吗？怎么可能就订婚了呢？后来遇到她，问起这件事。她说："每个人都有自己的选择，我不过是做了自己的选择。"

做了自己的选择。他们都已经做了自己的选择，一年之前，我不是也做了这个选择吗？现在这个选择面临难处，我又该做出什么样的选择呢？

以前入庙，肆无忌惮，到处捣蛋。现今入庙，少了往日的戾气，同时也变得迷茫。看着大雄宝殿正前面的那座佛像，如果它可以通灵，我有太多的问题要问它。这个庙并不大，走着走着就走回了原地。老爸老妈的事情还没有办完，我又照原来的路线走了一遭，一二十分钟，又回到了原点。

临走的时候，拗不过老爸老妈，抽了一支功名签。这支签上面写得很模糊，就像神学一样玄之又玄。解签的人说得也很模糊，说了半天，听不出一个所以然。

初二一早被老妈喊醒，我一边嘟囔着一边问什么事。老妈说，我的同学都在山下等了。爬山？什么爬山，我怎么不知道。老妈说了句，昨天石头打电话来，就帮我接了，答应了这件事。

石头是我初中的死党，后来考上了不同的高中。我可不想在他面前失了面子。这样想着，花了几分钟洗漱完毕，乘上车就往老妈说的那座山下赶。

到了目的地，远远地就看见石头肩膀上扛着一个彩旗，这是要闹哪样？

经历了那么多失败的苦痛，我的高中变得越来越耐人寻味。时间就像一个画师，不间断地在纸上画着我的高考。最终会画成什么样？我也很想知道答案。

太阳下的誓言

有些誓言需要一辈子去实现,有些誓言只要四个月就行。

到场的除了石头,还有其他的一些同学,这些同学和我一样,6月份都要参加高考。这次活动是石头组织的誓师大会。名字听着十分霸气,加上我就十个人。虽然人少,一点都挡不住他们身上流露出的少年轻狂之气。对于即将到来的6月高考,仿佛他们是势在必得,这次是走个形式而已。

上一次爬山,是我考上高中的时候,还是三年前的事情,上高中后就再没有爬过山。在我看来,高考就是一座大山。我天天都在爬山,早就爬厌了,爬烦了。爬山是个体力活,爬到一半的时候很容易就泄气了。据说这座山是这个地方最高的山,升学的学子们升学前都会来这里爬山。在他们的心里,这座山和高考是一个样的,不登上最高点,就无法征服高考。

这时节,春天的气息已经开始在山里的一些偏僻的地方初现出来。呼吸起这边的空气来,都有一种神清气爽的感觉。路边有一些天然形成的大石块,俨然成了路人休息的好去处。在一些标志性的石块上,还刻着诸多学子的名字。

两个小时后,我们终于登上了山顶。一眼望去,山脚下的房屋变得和蚂蚁一样小，远方的人早已成了一个小黑点。石头站在悬崖边，用尽全身的力气挥舞着彩旗。其他人也都大声地喊出自己的心里话。这就是他们的誓师大会。原本以为会有一段庄严的宣讲，然后举起右手捏成拳头，喊出什么经典语录呢。现在，这是个什么情况。

没有人理会我吃惊的表情。此时此刻，在他们的眼中只有自己，有了自己便有了全世界。他们的声音越喊越大，声音砸在山谷里，发出清脆的一声巨响。受他们的情绪影响，我也加入了他们的行列。把心中积蓄许久的闷气都发泄出来，没人会注意你说了什么。平时的娇弱女生这时候都变成了女汉子。石头好像是在跟我比谁的声音大，我每喊一句，他就在我声调上提高几个分贝。

就这样，我和他们疯狂了十几分钟，最后嗓子都喊哑了。坐下来，他们的誓师大会正式开始，在地上摆开一张布，拿出美酒佳肴，大家一起畅享。酒饱饭足后，为了体现这是一次真的誓师大会，他们像模像样地喊出了"高考必胜"的口号。

从山顶下来之前，他们每一个人都对太阳说了一个愿望，我对太阳说的是一个承诺，一个我还会回来的承诺。

那次誓师大会没多久，我回学校的日子也到了。那是一次奇怪的爬山经历。与其说是一次誓师大会，不如说是一次集体发泄。这次爬山后，我明白了，原来不是我一个人面临着压力。在我的周围，很多的人都面临着6月份高考的压力。不管高考有多么可怕，我都要吃好饭，养好身体，收拾好心情，跟它做最后的一战。换一种角度思考，这时候我经历失败，总比在高考的时候经历失败要好得多。

回到学校的当天晚上，班主任把所有人期末考试的数学试卷发了下来。我第三次被他叫进了临时办公室。他给我分析了一下这张试卷的难度和上面的一些考点。从这件事上看，虽然上学期我的成绩不进反退，但是他始终没有放弃我。

　　这次数学考试，我的发挥极不正常。深究起来，这张试卷也不是很难，按照我的真实水平，应该能考100分以上。为什么最后只考了71分？一个是对考试的时间没有把握好，另一个是当天考数学的时候，情绪波动太大。

　　这张试卷，从选择题的第一道题开始，就在模糊我的大脑。在脑子里产生的第一个印象，这张试卷很难。后面即便是遇见简单的题目，想得也很复杂。做着做着，就感觉特别疲惫。后面的大题又故意给我设置障碍，没有一题的解题过程很直白，但是稍微想一下也能想出解题的思路。这样的试卷最能糊弄人，出题者给考生下了很多的套，让他们乱了阵脚，后面要难住他们就容易多了。很不幸，我落入了陷阱里面。

　　到了高三阶段的系统复习，容易出现一种情况：觉得自己对书上的知识都掌握了，定下一些不符合实际的目标。也就是通常说的好高骛远。拿数学来说，选择题、填空题里面肯定有几题都很有难度，做起来都不怎么简单。经过一轮的复习，觉得自己试卷上的每一道题都能够完成，不想把大把大把的时间放在它们身上，于是便放松了对它们的复习，而结果往往不尽理想。要么就是专找一些难的题目来做，这些题目的解题过程大多都非常复杂，一环扣一环，和平时的试题有很大的不同。这些难题做起来十分吃力，看答案都要看半天才能把里面的意思弄懂,想要吃透是一件不可能的事。心情越做越差,到了考试的时候,之前掌握的基础解题方法忘得一干二净。那些难题的解题方法也只是隐约记得一点点,考出来的分数一般会很低。就像我高三第一学期的数学期末考试。

经过和班主任老师的一席谈话,让我对于数学的学习又有了新的体会,最起码让我可以勇敢面对这次数学的失败。高三下学期回学校的那段时间,为了让自己早点融入学习中,给自己订了更加严格的学习计划,今天计划上的内容,绝不会留到明天。

经历高三半年的洗礼,我逐渐掌握了各科的复习特点。新学期,我给了自己一个新的定位:每天前进一步。只要我能保持每天前进一步,4个月后,我的高考就不会留遗憾。学校的倒计时逼得越来越紧,老师给我们考试的力度也越来越大。

每天晚自习结束后,我都会去看看梦想墙上的签约单。当我的手触碰到它的时候,曾不止一次有电流激过心脏的感觉,我知道那是它在等我。半年过去,我有许多的话想对它说。日子在一天天过去,我想对它说的话越积越多。我尽量不让自己想起伤心的事情,免得心情受影响。

我之前看过的名人传记给了我极大的鼓励。前面说上次数学考试的失败让我走在抑郁症的边缘,后来因为那次石头无意组织的誓师大会好了大半。其实那些名人的传记也给了我很多的帮助。我那时候也并没有得什么抑郁症,而是心中积蓄的情绪太多,一直找不到地方去发泄。想的多了,便觉得自己得了抑郁症。这和青少年综合征是一个样的。

我读书那时候，专家最喜欢扯的就是青少年综合征，很多杂志后面都有大篇幅记录青少年综合征的广告。上面把青少年综合征写成了一种瘟疫，仿佛这种瘟疫比2004年的非典还要可怕。很长一段时间，我也受着青少年综合征的困扰，越是和书上所记述的症状比较，越是觉得自己病得不轻。逐渐地怀疑自己，不相信自己。

　　到了后来，接触的事情多了，明白了很多说法都是在危言耸听，青少年时期是很多人都会经历的一个过程。如果你过多地关注这个过程中的一些奇怪表现，心里就会产生害怕。把青少年综合征里的症状当作是在青少年时期里普通的表现，就不会对里面的症状感到害怕。因为很多的人都会有这些症状，这些症状是长大的标志，只要正确对待，就不会出现什么大问题。

　　就像那时的我，自以为得了抑郁症，整天想着自己的生命怎么结束。说不定哪天，脑袋瓜一热，就把心里的想法付诸实践，后果将不堪设想。相对于以前某某学生写下誓言，考不上什么学校，就跳长江自杀，我更愿意我的人生理智一点。

　　就是在这种状态下，我进入了高三下学期的学习中。一段最艰难的旅程终究是开始了。

　　这学期一开始，理综三科的试卷就放在一起考试了，再也看不到分开的物理、化学、生物了。如果是同一个人在同等试卷难度下考试，这时候考试所得的分数一般比原来分开考试得的分数低。适应了它们之间的距离，这会儿突然把它们放在一块，全部挤在一起，一时半会儿还扭转不了脑中的固定思维。

　　理综试卷分为三个部分，第一部分是物理，第二部分是化学，

第三部分是生物，考试时间是150分钟，题目的量还不少。这会儿我终于明白之前老师为什么要锻炼我们做单科试卷的速度了。150分钟的理综考试试卷，平均下来，一科考试的时间是50分钟，一节课的时间是45分钟。只有一节课完成一张试卷的速度，才能把理综试卷完成。

理综试卷做起来很麻烦。拿安徽的理综试卷来说，我高考的时候，前面选择题先是物理，再是化学，最后是生物，后面的大题也是按照这样安排的。也就是说，考生需要随时转变脑中的知识方向，随时准备游离在三科中。考生对时间的把握一定要准备。我们那时候刚开始考理综的时候，后面的生物基本一题不做，全部都是空白。这是一件相当吃亏的事情。试想想，当我在前面物理化学上花费了很多的时间还想不出一个解题方法的时候，后面生物的那些送分题可有时间去做？

因此，在做理综试卷的时候，切忌把时间浪费在思考上。一个题目3分钟还是想不出一个所以然出来，果断放弃，后面还有很多的题目在等着。相对于物理和生物来说，化学得分的概率要大些。从我多年做题的经验和老师对理综试卷的分析上看，物理部分的题目比较难。物理部分的题目完成后，后面的时间将会非常紧。如果第二部分的化学做得不是很顺利的话，后面的生物就做不下去了。

高中的时候，化学一定要学好。从整张理综试卷上看，化学就是物理和生物的一个过渡期。这个过渡期很重要，如果物理部分多花的时间可以在化学部分补回来，后面的生物做起来压力就不怎么大了。前面的选择题千万不要当作是一个大题目去做，而是按照做选择题的方法，结合答案找寻最简单的解题路径，节省时间做后面的大题目。

当然，选择题的分值相当高，三个选择题相当于一个大题目。做选择题的时候尽量保持逻辑缜密和认真细心。

这时候，对各科的大致分数在心里也有了一个粗略的规划，语数外100分以上，理综250分左右，这个分数规划就是为了梦想墙上的梦想签约单而特制的。在平时的分科考试中，我都努力拿到这些分数。没有达到这些分数，我就会努力地找原因，通过一次次的考试修正，我离这个规划的分数的距离越来越近。

给自己一个合理的分数规划很重要，不是每次都要等到年级统考的时候，再去计划自己每一科要考多少分。到了高三，每一次单科考试都是一次模拟考试，这些考试都是很好地检验自己的机会，毕竟这时候的综合试卷和年级统考的试卷是没有多少区别的。

高三下学期第一次年级统考很快就来了。经过前面几次的失败，我给自己定的目标是进步，而不是一跃到达原来的位置。进步包括总分的进步和名次的进步，尽量给自己的要求定低一点，此时我的主要任务还是恢复。恢复到我"全盛"的时候，然后再去和他们一争天下。

我又进前十了

高三下学期第一次年级统考，我发挥得很平稳，成绩出来，第十名。时隔半年后，我又一次进了班级前十名。从某种程度上说，这次年级统考加快了我恢复的速度。在后面的考试中，我逐渐找到了感觉。

考试后，我花了一天的时间把这些试卷整理了一下。现在，我每天都要做几套综合试卷，一般不会把太多的时间放在一张试卷上，有些题目直接在试卷上做上标记，然后把标准答案看一遍，理解它的解题思想，就把试卷收起来，放在一个书夹里面。

到了这个阶段，每一天我都会做很多的题目，也会遇到很多的问题。如果把每一题都写进笔记本里，花的时间就太多了，换一种做法，就把它们放在原试卷上，做上标记，后面复习的时候直接看试卷也是极好的。

高三以后，班级里不光订了各科的报纸，还订了市场调研系列的书。市场调研系列书籍主要是讲各个地方最新的一些试题，这些试题都有极高的参考价值。上面也掺杂了一些总结性的东西，对于这部分的内容，我一般的做法是一目十行。简而言之，在脑子里过一遍。如果脑子里储存的知识能够很快地反应过来，这部分的知识就可以过去了。如果有某些知识点不是很清楚，从源头把这部分的内容来一遍，然后再找些专题训练把这部分的内容强化。

我比较关注的还是书上总结的注意事项，这些注意事项一般是出题者经常在试题中设的陷阱。从这个地方可以看出，高考试卷出了那么多年，其实它也是有迹可循的。出题者想在一个试题中运用到某个知识点，首先要考虑的因素是这个知识点的陷阱。总复习的时候，好的参考书对这些陷阱都会进行详细的总结和例题呈现，高三的学生在这个方面需要注意。当学生对这些陷阱都耳熟能详的时候，做起试题来，自然会朝这些方面考虑，很容易收到意想不到的结果。

天气回暖，流感随着来了。3月份，班上很多的人都感冒了。先是左右的同学感冒，再是前后的同学感冒，我处于流感病毒的包围中。这样，我也不得不向流感病毒缴械投降。我光荣地感冒了！

为了不耽误学习，没有人选择去医院输液。我现在最大的资本就是一个强健的身体，没有烧到40度，从来不会想到去输液。顶多趁着吃饭的空档到外面的药店买一大袋的板蓝根，一天到晚像喝白开水一样喝板蓝根。晚上回去，泡一个热水脚，这就是我生命中最大的幸福。每天至少学习16个小时，一点都不觉得累。晚上经常熬夜，早上，天才微微亮，就醒了。

感冒了，有时候咳嗽得厉害，害怕影响到其他的学生，捂着嘴把咳嗽压在咽喉处。这时候，腮帮都胀得鼓鼓的。这次的流感病毒甚是厉害，像附了魔的幽灵，在教室的各个地方肆虐。

3月份的一天晚上，班主任把我们带到HZ中学的多媒体放映室，本以为是讲一些统计学方面的知识，结果是给我们放一部电影。如果他提前和我们说是放电影，估计没有多少人会过来，这会儿直接把我们骗过来了，想跑回去学习也是件不现实的事了。班主任的原意是用这部电影来缓解一下我们心中的压力，但是看完这部电影，我心中的压力更加大了。

这部电影的名称叫《高三七班》，与其说是电影，不如说是一部纪录片。和电影名称一样，电影讲的是发生在高三七班的故事。他们的故事就和我们的故事一样，为高考奋斗。没有任何的悬念，高考是最大的悬念，没有任何高潮，高考结束是最大的高潮。从学生、老师到家长，这场关于高考的战争牵涉的人太多，他们的喜怒哀乐全都在高考结束的那一刹那迸发出来。看到他们拥抱痛哭的镜头，仿佛看到了两个月后的我们。

当时我所在的班级也是高三七班，所以这部纪录片对我的冲击力很大。开头朴树的《那些花儿》唱哭了很多的人，我们没有时间去理会考试之外的任何东西。这一年，感情这东西，在我脑中就是一片空白。高三就像是一个断点，把高三之前和高三之后从这里斩断，不留一丝的痕迹。多年以后，回忆起高三的那一年，心中虽有万种情绪，却找不到寄托的东西。纪录片后面一段，全班同学围在班主任旁边唱的一首齐秦的《狼》，对我冲击力也很大。

高考，只有狼性的人才不会对它感到恐惧。纪录片中，最后高考的考试情景经常出现在我梦中。到了我高考结束，我对自己考场的环境反而没有任何的印象。

高考成绩出来，几家欢喜几家愁。最让人触动的还是考生的眼泪，每一滴都那么心酸。生活如此不易，我们坚强地来过。

看完这部纪录片，我对高考的认知又上了一个阶层。不久的将来，这一切都会在我的手中结束，迎接我的是另一个全新的生活。也许正是我想要的一路向北的旅途。

白云苍狗，第二次年级统考在两周后即将拉开帷幕。

困扰我接近一周的感冒终于好了，人也变得清醒了许多，看起书来效率提高了不少。这个现象说明，有一个健康的身体还是很有必要的。高三以后，我也不需要给自己打什么鸡血了，身体里的激素已经足够撑起身体每个器官的活力了。试题做得多了，那些公式符号在脑海里一时半会儿也无法散去，脑子一直保持着活力。

统考的日子很快就到了。这次统考过后，后面也没有多少次统考了，而是改成了合肥和安庆的模拟考试。这些模拟考试一般是在全省范围内进行的考试，也是给我们变相地模拟一次高考。

考试的时候，我始终保持着一颗平静的心，既不悲也不喜。遇到不会的题目也不做过多的考虑，考试的时间算得妥妥的。考试结束，我的心情一直很平静。旁边的人在不停地对答案，听着从他们嘴里传出的答案，对了也不高兴，错了也不悲伤，只管低头按照计划准备下一场考试。我知道，这时候任何的情绪波动都可能影响我的心情，而年级统考对于我们来说就像是一场普通考试，两周左右，我们就会进行一次。那颗心早已麻木了，把年级统考当作是一个历练的机会，看得就没有那么重了。

高三下学期的这两次考试，我基本只做了一件事：练心理素质。考试的时候，情绪波动大是个致命的问题。通过这两次考试，我的心理素质变得比过去更强硬了。过硬的心理素质让我面对考试中突如其来的变故时，可以瞬间做出反应，把心底的焦躁不安按压在深处。

第二次年级统考的考试成绩很快出来了，这次除了理综没有达到目标，语数外都达到了规划的分数。班级排名还停在第10名，没有多大的变化。各科的笔记本在这学期开始已经换了一个，才过去一个月多一点，笔记本已经写了三分之一。

从这学期开始到现在，我和前面的学生没有说过一句话。准确地说，是他们没有回过一次头，包括那张清秀的脸，我们的距离越来越大。前面六个尖子生的座位始终还没有换，据说，班主任打算在第一次模拟考试后，给全班换一次座位。这个消息让我想到了两年前我的目标就是坐在教室中间第三排，那时候只管凭着一股牛劲证明给那些自诩高人一等的优等生看，差生成绩不好，只是不想和他们争个破名誉罢了，得瑟个啥劲。到了今天，明白了一切都是为自己争取，打败他们是给自己一个奋起的理由。

又过了一段时间，阳光变得温热起来，身上的衣服越穿越少。教室里的高考倒计时还是那么醒目，鲜红的阿拉伯数字每天都在刺激我的大脑。在这样的高压下，让时间停止的办法就是不摘倒计时成了最冷的笑话。没有人跟我讲笑话，我的嘴角还是时不时地露出一个浅浅的微笑，这个微笑是把一个难题解决后，给镜中的自己一份礼物。

时光飞逝，第一次全年级模拟考试很快到了。HZ中学把高一和高二那群学生赶回了家，整个HZ中学没有人和我们抢食堂，也没有人和我们抢教室。他们真的该谢谢我们，学校经常因为我们的考试给他们放假。

HZ中学对这次模拟考试很重视，我一个人被分在一个陌生的考场，周围的同学都是其他班级的学生。每个考场都配备了防作弊仪，主要起隔绝信号的作用，考试中严禁学生上厕所。还在我读高二时候，学校的监控器都已经安装到楼道里了。这些天，领导们正在商量把监控器安装到教室里。由于下面的反响巨大，这个计划才得以作罢。诸多的措施都是为了防止我们在模拟考试的时候作弊，学校想掌握我们学习的真实情况，然后再一个个找班主任聊天。

模拟考试的试卷和年级统考的试卷还是有一些不同的。模拟试卷的题目更倾向于朝高考的方向出卷，出题者首先要做到中规中矩，然后再在这个基础上推陈出新，他们不可能以个人名义给试卷进行一次改革。这种意外只有少数高考试卷敢做，如2010年的江苏数学卷，2011年的安徽数学卷，卷子出来后，被很多人骂。当然模拟试卷和平时的年级统考试卷也不一样，模拟试卷上很难找到一模一样的试题，上面的试题都是新编的。

像上两次年级统考一样，这次的模拟考试，我尽量保持内心的平静。每科考试前10分钟，把之前做过的试卷在脑中过一遍，一些典型的题型解法也在脑中回忆一遍，这叫提前预热。考试铃声响起，保持内心的平静，波澜不惊。拿到试卷后，先从头到尾扫一遍试题，对这种试卷的整体布局有一个初步印象，然后就是做题。

前面的选择题尽量和答案联系起来考虑，节省时间。后面的大题，把题目中的已知条件在纸上简略地写一遍，至于解题方法，就是这些符号的搭配了。首先根据传统经验解题，传统经验解决不了的东西，开始尝试用一些参考书上的解法。尝试法很花时间，用的时候一定要把握好时间。时间紧的时候也不要急，大不了放弃最后一题。一般最后一题都比较难，第一问能做出来，第二问和第三问就不一定能做出来了，放弃也影响不了什么。

这场模拟考试考了两天，考试的时间安排和高考的一样。考完最后一科英语的时候，我终于松了一口气。这两天的考试，我仿佛来到了另一个世界。当我从那个世界醒来的时候，这个世界已经换了多种模样。模拟考试后，连续的熬夜也让我的身体疲劳到了极限，找了个空档，去宿舍睡了一个大懒觉。

当我从床上醒来的时候，已经是晚上六点了，还有一个小时，晚自习就得开始了。收拾了一下心情，去食堂吃了个饭，然后回到座位上把这次模拟考试的试卷整理了一下。考试后，书桌上各种各样的参考书堆放得乱七八糟，花了一点时间，把它们全部整理了一下，不要的全部塞进垃圾桶。

时间过得越来越快，手上的指甲已经有接近半年的时间没有去理会，都长得奇长无比，看着有点像妖孽。每一天我都在跟自己说，这一切马上就可以结束了。结束了，我就可以尝试其他的生活了。

青春交响曲

青春如诗，青春如歌，借青春之名圆我梦想。

4月份第一次模拟考试的成绩很快就出来了，大半年后，我又充当了一次黑马，总分排名班级前三。我感觉这次考试发挥还不错，没想到能够进入班级前三。过去的好长一段时间，我一直只想进入班级前十，这会儿一下子进入了班级前三，我这匹黑马是不是冲得太快了？纵观各科的成绩，语数外在保证规划的范围内都又往上长了十几分，理综达标，这样我的总分达到了580分以上了，完全压过往年的理科一本线。

成绩出来，我一时半会儿反应不过来。这时，我不得不说命运实在是匪夷所思，在过去的大半年中，它一次次地打击我。当我都不想和它去争论的时候，它回头给了我一份惊喜，燃起我心中熊熊的烈火。这样的成绩出乎所有人的意外。当班主任把我的成绩报出来的时候，很多人都诧异地看着我，前面的几个尖子生难得回头看了我一眼，这一切就像是一个梦，一个我三年前就在做的梦。那时，这个梦还很甜，后来这个梦变得辛酸。如今，梦想照进现实，我不知道怎么迎接它、保护它，才能让它一直留在我身边。

班主任没有花多少时间讲成绩的事，现在是个关键时期，每个班的每个人都在为高考做最后的准备工作。各科老师评析试卷的时候，不再像以前那样每一题都去评，而是选择几个典型题目重点讲一下。这样，一张试卷两节课就可以讲完。这样做是为了节省时间，多讲些例题。

4月中旬的一个周一下午，这次班主任没有讲题目，而是开了一次班会，班会结束也是新的一轮座位出来的时候。上周五的时候，班主任已经在班上点了我的名，下次班会我要上讲台演讲。这是我第二次上讲台讲自己的学习，第一次上讲台的场景还历历在目。当时紧张得一句话都说不出来，这次，我做了充分的准备，把有些话直接记录在案，在心里久久地酝酿了一番。

在我之前是那两朵奇葩说了一些他们的学习方法，我第三个上去说自己的想法。

我现在给自己的定位还是一个差生，因为这个差生的名号可以给我不懈的动力，也可以让我勇敢地站在优等生的对立面，战胜他们。高三之前，我一直是这么想的。

高三之后，我的认知发生了改变。虽然我还是一个差生，但我是一个让优等生害怕的差生。现在，让他们害怕不再是我的目标，我的目标是考个一本的大学，简单而明了。这没有讨价还价的余地，我只有一个目的，为了达到这个目的，前面两年半的时间我已经付出了所有。在这最后的几个月，我并不吝啬再付出多少。青春就是一首交响曲，每个人都有自己的节奏，这个六月，我们一起响起心底的呼喊声。

当一个人的目的变得单纯后，他就变得无坚不摧。我的目的就很单纯，考个一本的大学，然后去实现年少时的梦想。

　　本来10分钟的发言，我在台上讲了20分钟。我以前不知道我竟然这么能说，站在讲台上，面对整个班的同学，我可以把我要说的意思全部表达出来。再一次在台上发言，更像是向下面的人宣战。从深层次的角度思考，我和他们都是"敌人"。高考是按照比例录取的，在这个班上，谁不幸在高考这场战争中牺牲了，顶多是为别人当了垫脚石，简称炮灰。

　　每一天，我和我的同学之间都在进行一场无形的战争，这一切都是为了高考。我们下的赌注都很大，谁都不想输。在这间教室，我们能做的是与时间赛跑，和命运搏斗。我们不信命，我们信马克思，更信天道酬勤，这个观点在我上大学之前必须坚定不移地相信。

　　在讲台上说出了自己的心声，胸中顿时觉得舒畅多了。因为我在第一次模拟考试中的突出表现，我的座位往前挪了一步，教室中间第三排！两年前，我就对旁边的人说过，有一天我可以坐到这个位置。那时候，没有一个人相信我，都对我的话都嗤之以鼻。我花两年的时间证明了自己，这两年在我漫漫的人生路上并不显得有多长，但对于现在的我来说，仿佛过了一个世纪。

　　在教室中间第三排上了一个晚自习，我感觉浑身不自在。坐在这里，我肩膀上的责任也更加重，我面对的困难比以前也多了很多。这件事在我紧张的学习生活中引起了小小的震动，我花了三天的时间让我的心重新找回了平静。现在，我和那张清秀的脸之间只有一人之隔，我们的距离还保持着这般美好，不远也不近。

坐到这个位置，我可以清楚地看见尖子生每天做的事情，对他们的学习方法也有了新的认识。三天后，我的学习时间变得更加紧张，每天都有大堆的试卷等着我去完成，大堆的练习需要我去做。只要是涉及高考真题和仿真试卷，我都会看上一看。

坐在这个位置，有一个好处：我们手中的资源可以共享。一个人能买的资料书有限，现在的学习都是快餐式的。参考书就像是一次性的盒饭，啃掉里面的食物，饭盒的作用就不是很大了。如果我们能够把饭盒里面的食物拿来共享，吃的食物就丰富了许多。随着我们之间资源的共享，我脑中的知识在急剧膨胀。他们在书中批注的很多解题方法，我以前从来都没有想过，这会儿我像是寻到了一个极大的宝库一样，把他们手中的资料书啃了个精光。

我现在的知识结构和他们的差距不是很大，看他们的资料书主要是看他们画的重点。这些重点都是他们三年的知识积淀，现在到了我手中，叫我如何能不视若珍宝？这件事对我的意义重大，之前很多没有想明白的地方，看过这些批注以后，我的知识结构更加完整了。

两周之后，我的努力收到了成效。在一次年级统考中，我再次站在班级第3名的位置。这是我第二次站在班级第3名的位置，我再一次用实力巩固了位置，走过高考最艰难的日子，我想现在该是收获的季节了。

时间指到2014年5月份，我进入了最后的高考冲刺期。那时候，发现青春原来可以这样张狂。那么多的人，为了一个目标，不顾一切，前赴后继，视死如归，只为高考。一本新的市场调研书到了我手中，一天的时间不到，上面的每一页都留下了我的笔记。这些书的前言一般都是一篇学姐或者学长的文章，用他们的文字向我诉说着当年他们的高考故事。每次我都会很认真地看这些文章，在他们的字里行间里，我能找到一种积极向上的力量，这些力量可以支撑我战胜任何的困难。

不久以后，合肥二模的试卷来了。考试前，我们都进行了充分的准备，每个人都憋足了劲，似乎没有什么可以阻止我们了。

考试那天，这个夏天的第一场暴风雨很突然就来了。当时，第一场语文考试已经过去了大半，我正在写作文。天忽然黑了，接着是闪电，然后就是雷声。这场暴风雨来得快，走得也快，等我的作文写完的时候，天已经放晴了，天边出现了难得一见的彩虹。

合肥二模很快结束了，我的生活再次进入了高考最后的冲刺时期。每周末，HZ中学都给我们安排了理综和数学考试，这个考试对象是全年级。理科班看重两个成绩，一个是数学成绩，一个是理综成绩。而英语和语文，学校抓得不是很紧，各个班都是带课老师在抓。即便如此，我们一天90%的学习时间都放在理综和数学上面，花在英语上的时间相对较少，花在语文上的时间就更少了。这是HZ中学一贯的传统，也是培养我们的方法。

因为我的英语老师抓得紧，每天英语都有作业，所以我每天都会花一点时间在英语上。语文一般是我做试卷累了的时候，才会去看一些现代文阅读。每次语文考试，我最喜欢做的就是现代文阅读和作文，相对于永无止尽的理科试题，语文试卷上的现代文阅读往往给我一种清新的感觉。

合肥二模的成绩很快出来了，我的成绩还不错，比之前退了一步，班级排名第四，总分在一本线左右。合肥二模后，高考离我更近了。我隐约可以看见它的身影了，有时候都可以听见它的呼吸声。

　　这时候，班上出现了一些奇怪的病状，总称为考前焦虑症。考前焦虑症是个很麻烦的病，具体表现为厌食、失眠、胡思乱想等症状。我以前也经历过这样的事情，特别是高三上学期考试经常考不好的时候，一度陷入考前焦虑症中。这学期一开始，我就在练自己的心理素质。首先正视自己的缺点，不管付出有没有收获，尽量保持内心的平静。保持平静，不是对考试的结果不闻不问，相反，比之前更加努力地寻找错误，分析近来的学习状况。

　　高考冲刺期是个关键时期，这时候千万不要想其他的事情，免得给自己添乱。除了高考，其他的事情都可以放下，想拯救别人，先拯救自己。

孤注一掷

5月中旬，我们的考试力度还没有丝毫降低，等到了5月下旬的时候，学校给我们安排的考试才逐渐减少。

在HZ中学的最后一场考试是安庆二模，据说这是一场给学生定位的考试。安庆地区的县市都进行了这场考试，考试结果出来后，上面的专家会根据实际情况像高考一样给我们划线，因此这场考试对我们很重要。如果能够成功通过这场考试，也就给后面的高考打了一剂强心剂，信心自然更足了。

又是一场全程模拟高考的考试，但是这次考试似乎比之前的考试都难了许多。各科试卷做起来有些吃力。考试结束，试卷都被运到安庆去批改了，成绩要等那边改后传过来。

5月中下旬，班上开始流行写同学录。这是我们在HZ中学最后的时光。去年的这个时候，我们把上一届的学长学姐送走了，如今，下面那群高二的学生早已经对我们的教室蠢蠢欲动了。这时节也是感情容易泛滥的时候，写同学录就是逼迫自己回到回不去的曾经，我们一起走过的美好日子。之前觉得没什么，这会儿真的是感觉到了内心深处对这个班级的感情。

安庆二模的成绩很快出来了，我的总分排在班级第5名。第二天，各个县的本科线也出来了，我刚好踩在我们县的一本线上。这个结果对于我来说，不好也不坏，让我看到希望的同时也让我看到了危险。

安庆二模后，我们又进行了一些紧张密集的考试。5月下旬，各科的老师开始给我们讲一些做题的技巧，也就是高考考试的技巧。这些技巧可以说是五花八门，讲到最后都讲到了作弊。当然，作弊是当笑话讲的。高考考试作弊是一个非常不明智的做法，抓住了，后果非常严重。在这个诚信缺失的社会，教育部对考生诚信的问题要求非常严格。

随着学校考试的逐渐减少，我也在尽力调节我的生物钟。经过前段时间的折腾，我不知道我的身体还能不能正常面对高考。因此，我必须在短时间内把生物钟改过来，好好地把身体养一下。

六月前后的几天，每天都会给班上的同学写同学录。有的已经有一年没有说过一句话，真的让我给他写出个什么，还真有点小困难。遇到这样的情况，不得不把那些资料书打开，找一些鼓励的话摘抄上去。为了表示我的诚意，每一个字我都很认真地写。6月份，我找了一个空档跑出去，也买回一本同学录，给每个人发了一张，我似乎也想通过这张纸留下某些东西。

让一个理科生在纸上玩文字游戏，简直是要他的命。所以很多的人都和我一样，不知道在哪里抄了一段话，还写得像模像样，结尾加一句，祝你金榜题名。当然也有关系比较好的，或者仰慕对方的人，这张纸就承载了太多的感情。

虽然HZ中学给我们减了负，一些日常的训练还是有必要的。

在这几天，我给自己制订了小额的作业练习。压力只能慢慢地释放，突然释放，很可能造成失控。这时候，班上的气氛比以前活跃了许多，上晚自习的时候，很多的人都在小声交谈。学校对这样的事情也是见怪不怪。

6月2日，各科的老师给我们上完了最后一节课。当天傍晚，班主任把我们带到HZ中学的操场拍照。高中三年，一直是我记忆里最短暂的三年。当我从一个差生奋斗到一个优等生的时候，似乎得到了我想要的所有，但是好像什么都没有得到。从我决定奋斗的那天起，我的生活里就缺少了很多东西，比如笑容，友谊，还有业余爱好。

这应该算是一个常理吧，要想得到一些东西，必须要拿别的东西去换。这次拍照片，也是为了给高中三年的记忆添加一些色彩，免得都是黑白的画面。照片拍得越多，越发现我对这个班原来有这么多的感情。时隔三年，我和那张清秀的脸终于有了一张合影。我们之间的感情仅限于同学情，连朋友都算不上，高考后，说不定我们能成为很好的朋友。

6月2日晚上最后一节晚自习，班主任走进了教室，和我们说了一些考试的注意事项。全班陷入一股莫名的悲伤中，从第一排到最后一排，所有的人都低着头，不再东张西望。不去看，不敢去看，三年的感情，到了离别的时候，考上大学或者没考上大学，我们都会天各一方。有人说20岁之前的青春纯洁，疯狂，傲世一切；20岁后的青春无奈，老气，难以捉摸。我很庆幸，为了梦想，我的青春疯狂了一次，值！

班主任讲到后来也发现了情况不对劲，便不再说了。而是点了一些人的名字，说了他们的缺点，叮嘱他们考试的时候要注意这些，我也在这些名字之内。最后一幕是班长上去说了一番话，这时候她也说不了话，整个班级的情感已经到了一个高峰。班长上去憋了很久才断断续续地把一句话说完整，明眼人都看出她在哽咽。

　　为了缓解气氛，班主任早早地给我们下了晚自习。大家都没有要走的意思，三五成群地聚在一起聊聊天。我也给自己放了一个小假，加入到他们的聊天中。我们尽量找一些愉快的话题聊，绝口不提高考的事情。这时候，学校各种八卦事件都浮出了水面，有学生的，有老师的，聊得不亦乐乎。

　　6月3日是HZ中学给我们安排的毕业典礼。据老师们说，这是HZ中学有史以来第一次为毕业班的学生办毕业典礼。潜在意思是HZ中学对我们的期待很高，事后证明HZ中学的领导是对的。6月2日晚上，和朋友从教室一直聊到宿舍。熄灯以后，打开手电筒还要聊，以前这时候，宿管员早已经在下面大喊大叫了，这会儿只听到他高昂的呼噜声，没有其他的声音。

　　这个毕业的晚上，HZ中学终于让我们放肆了一回。6月2日晚上，我们到底有没有睡觉，谁都不知道。反正一想到即将毕业，心里就会浮出千种情绪、万种感情。

　　第二天，HZ中学第一次隆重的毕业典礼在操场上如期举行。校长和副校长发表了简短的讲话，各科老师和班上的学生一一道别。道别的时候，操场上的泪点瞬间被戳中，下面的学生哭成了一片。毕业典礼前，学校已经安排各科老师和我们见了一面，年轻的女老师们早已经哭成了泪人，现在再一次戳中了泪点，眼泪不听使唤地在黑眼圈里打着转。

这个情景已经很久没有遇到了，久得我都忘了我是一个感情丰富的人。

毕业最后一道手续，HZ中学给全校的毕业生准备了一顿免费的午餐。平时都不放油的菜，这时候都是油腻腻的，三年来，食堂终于认真地考虑了一下我们的感受。毕业典礼进行完毕，学校外面的车子已经等候多时，现在到了我们离开这个学校的时候。今天晚上，这一届高二的学生将搬进我们的教室，搬进去之前，学校会把我们留在那间教室的气味全部清洗出去。

离2014年的高考还有不到四天的时间，HZ中学把最终的选择权重新交还给了我。从6月3日到6月6日，我不敢放松自己，高考就在前方，我还要为它做最后的准备。HZ中学为我们回家准备了一套试卷，除了做这套试卷，我把每一科的知识从头到尾浏览了一遍，各科的笔记本都认真地看了一遍，时间刚刚好。

在身体方面，老妈已经为我准备了许多滋补的食物。曾经听说有一个考生在高考前营养过度，吃死了。因此回家的这段时间，切忌暴饮暴食，滋补的东西稍微吃下就行。吃得太多，一是消化不了，二是影响后面考试的情绪。这几天，我一直在努力地调整自己的生物钟，尽量早睡早起，安排的学习计划和高考各科的考试时间一致，这样可以帮助我在考试的时候迅速进入状态。

我已经做了孤注一掷的准备，不成功便成仁，没有后路，只能前进。6月6日，我和老妈寄宿在外婆家，等待后面两天的考试。

6月7日，第一天考完，数学试卷就出现了意外。出题者完全不按照以往的套路来，打得我措手不及。特别是后面六个大题的安排，完全打破了试题出场的顺序，这种情况在高考中很少出现。正因为如此，平时各班的数学老师才会信誓旦旦地说高考试卷就那么两个小伎俩，这次似乎所有人都失算了。隐约记得班主任老师在我们离开学校的时候，说过这次的数学试卷有点难。当时他说得很模糊，我以为会把难度放在试题上面，万万没想到出题者连试题顺序都改变了。

　　说实话，在做第一道大题的时候，我就慌了，因为我完全不知道它讲什么。在我脑中已经有一个根深蒂固的出题顺序，这个点，我脑中记得最深的是另一个知识点，而不是这张试卷上的知识点。我试着放下第一道大题，往后做，越做到后面，越觉得不对劲。我徘徊在各个大题之间将近十分钟，没有一题解出来，手心都捏出了汗。

　　这时候，我想到了那张71分的数学试卷。心平静了许多，那时候，我告诉自己，只要考得比71分高就是进步。心平静下来后，有些题目开始有些头绪，把该拿的分都尽量拿到了。我告诉自己：不要老想着把这种试卷全部完成，现在太不切实际了。

　　数学考试结束的铃声响起，监考老师利索地把试卷收了上去。我像经历了一场大战，如释重负地松了一口气，数学差点又覆没了。晚上，班主任打来一个电话，问了一些考试的情况，说了一些安慰的话。那天晚上，网上就骂开了，老师、家长、学生都在报怨，认为出题者存心为难考生。

我告诉自己，不能被这些消息影响。不管网上骂得多么激烈，也改变不了事实，上面不会再出一套数学试卷，让我们重新考一次。既定的事实，成了历史。对于历史，我们只能评判，不能改变。那天晚上，我听了一些舒缓的轻音乐，把自己的心态重新调整到考试前的样子。英语考试前，我听了一些英文歌曲找感觉。

后面的英语和理综的考试进行得都很顺利。英语不是很难，理综的难度和往年相比差不多。高考结束，所有的矛头都指向了数学试卷。很多的人都可能毁在数学上，数学本来就是一个拉分的科目，这回出得这么难，指不定会发生什么事。有难过的，当然也有高兴的，平时那些数学成绩不好的学生无疑是这场数学考试中最大的受益者。他们把重点都放在了其他的科目上，数学难，他们和其他人拉的分就少一点，对他们的帮助很大。

破晓

  高考终于结束了，我的高中也将在这里慢慢画上句号。

  高考结束的那天晚上，很多的人都出去疯狂了一个晚上。昨天，高考还像一座大山压得我喘不过气来，今天，它就该从我的生命中消失了，同时，它也标志着我的高中生涯结束了。

  第二天，网上的标准答案已经出来了，同学都忙着对答案、估分。我有一种深深的失落感，失落感不是在于高考的数学，而是觉得这一切过得都太快了。我始终不相信，我在HZ中学的生活就这么过去了。有的人会说，既然舍不得，再重新来一次呗。重新来一次，又要接受高三的种种噩梦，那种生活不是我想要的。

  我没有对答案，和以前一样，我在等待审判，只不过这一次是终极审判。走的时候，回头看了一眼原来的教室，梦想签约墙上已经换上了新的名字。在高二的时候，我们就有了梦想签约墙，后来搬教室的时候，我们把梦想也搬到了这间教室。教室后面那面黑板上，留下我太多的回忆。

  繁忙有计划的生活突然闲了下来，一阵空虚侵袭了我。晚上，班上没有回家的同学在HZ中学旁边的饭店订了酒席，我给家里打了一个电话，说今天不回去了。那天，我终于疯狂了一次，喝得酩酊大醉，最后又和他们去网吧包夜。我问自己，结束了吗？结束了。

高考成绩出来要等到两周后，这两周，我的生物钟很混乱。晚上到了两三点还没有一丝睡意，只能起来看电视，要么就发呆。白天除了和班上的同学聊天，还是和班上的同学聊天，我和他们之间仿佛有说不完的话题。

高中的同学录我一直保留至今，每次看到他们在上面的留言，我都会感动。同学录里夹了一张集体照，还有几张大头贴。经过几天的聊天，我和那张清秀的脸成了很好的朋友，很纯粹的朋友。

床上乱七八糟地放着几本新买的杂志，前段时间，我已经和这个世界脱节。现在，我有大量的时间可以恶补一下新近发生的事情。这样的日子实在是难熬，我自己都不知道第一周我怎么过去的。第一周过后，之前的那种空虚感消失了，取而代之的是心里的紧张。

高考成绩即将出来，我和他们的聊天次数也减少了很多，心里一直不能平静。晚上睡觉做梦都是关于高考的事情，和老爸老妈一起吃饭，也是一副心不在焉的样子。每次出去，邻居都会问我考得怎么样啊。烦透了，他们都在等看我的笑话呢。高考成绩出来的前一两天，我都能听见我的心跳了，太紧张了。老爸老妈也不知道怎么帮助我，只是不停地让我不要紧张。

6月24日，高考成绩出来了。我打电话查了分数，超过了本科一本线！超过了本科一本线！我把这个消息第一时间告诉了老爸老妈，老妈说今晚好好地庆祝一下。几分钟后，班主任打来电话，恭喜我兑现了当时的承诺。

当周围的邻居知道我高考的分数超过一本线的时候，对我的态度也来了个180度转弯。看见我的时候客客气气的，不再在背地里说我的坏话。某些时候，群众的眼睛就是这样的。他们的眼光一直朝上，低下的东西从来入不了他们的法眼。我发信息问了几个要好朋友的高考成绩，几家欢喜几家愁，那张清秀的脸也达到了一本线，说不定我们还会到一所大学读书呢？心里这般美滋滋地想着。

高考成绩出来，后面就是填报志愿的事情。填报志愿需要考虑的因素很多，当时我咨询了一下班主任的意见，他给我推荐了几所大学。后来，我自己再根据学校发的报考指南，上网查了一下这些学校的具体信息。以前就听人说过，选对专业比选对学校更为重要。现在的大学排名都是综合实力的排名，排在前面的大学不一定每个专业都是好的。每个学校都有自己王牌的专业，这些专业的录取分数线比这个学校其他专业的录取分数线一般要高出许多。

选择大学和专业的时候，首先应该考虑专业的就业前景怎么样，这也是最重要的一条。上大学的根本目的是以后找一份好工作，狭隘地说，专业的社会价值决定了一个大学生的社会价值。其他的因素像学费、学校的地理位置、学校的基础设施等都是次要的考虑对象。选择什么样的大学，什么专业，我花了很多时间去想。通过多方的咨询后，我填了现在的大学，很幸运，我被录取了。

后来在电话里得知，那张清秀的脸填了一所医科大学。从这里看，女生以后的就业选择一般是老师和医生，当时我们班考上大学的女生一大半报的都是医科大学。当时家里也让我报医科大学，当我得知医科大学要读五年的时候，我果断地拒绝了。

高考志愿填完，剩下的就坐等录取通知书了。又在家里待了一周，生活实在是无聊透顶。和几个朋友约着出去旅游，在选择徒步还是坐车去旅游的问题上，我们出现了分歧。一部分人觉得高中三年都把自己关着生锈了，徒步旅行不光能够看到沿途优美的风景，还能够锻炼身体。另一部分人就想出去简单地散散心，不想把时间浪费在路上。遇到这种情况，最好的方法就是投票决定了。最终的投票结果是徒步旅行以一票胜出，计划坐车的人不得不放弃他们的计划，就这样，一群人开始了一场徒步旅行。

我们订的第一个目的地是隔壁县的一个旅游景点。坐车的话需要5个小时左右，步行的话还不知道，估计需要两天。

我们明显高估了我们的耐力，才走了半天就有人受不了了。为了计划能够顺利地进行下去，内部成立了一个劝说小组，我被选为这个小组的组长。我的任务是劝说那些意志不坚强的同学，我要让他们明白，我们正在进行一场光荣的行动，全中国13亿人口都在看着我们。其他人的任务是搀扶那些没有力气的同学。到了最后，我自己也成了被搀扶的对象。这个徒步旅行还真不是一般的人能够进行的。

一路奔波，风尘仆仆，五天后，我们终于到达了目的地。到了以后，也没有什么心情欣赏优美的风景了，在那里住了一个晚上，第二天就乘车回家了。

那次徒步旅行极大地刺激了我旅游的细胞，从另一个方面弥补了我的空虚。后来我又和其他的一些同学去了离家比较近的一些景点，这几次短途旅行让我的身心得到了极大的释放，我又找回了少年时期的豪情壮志，内心充满了斗志。

2014年8月1日那天晚上，我一直睡不着。正如前面说的那样，考上大学后，我的半只脚已经踏入了社会，充满期待的同时也充满了不安。未来那所大学的样子一直出现在我的脑海里。到了八点钟，屋外突然一阵狂风大作，合抱的大树被这阵风吹得摇摇欲坠，然后就是电闪雷鸣，一场暴风雨就这么毫无征兆地来了。

这场暴风雨持续的时间很长，反正睡不着，何不坐起来听听这雨声？雨声很急促，像是从天边偷偷下来的仙女，看见城市的灯红柳绿，来了兴趣，脚还没着地，就向灯光强烈的地方飞奔过去。雨就这么下着，不知过了多久，雨声小了点，应该是上面的人唤她们回去了。

第二天，我接到了学校的电话，我的大学录取通知书到了。三年的高中生活终于尘埃落定了。时隔一个多月，重新回到HZ中学，那里的风景没有多少改变。曾经无数次走过的小路还是老样子，在它两旁的树木比以前长得更加茁壮了。还有一个星期，下一届的高三学生也应该上学了。经过昨晚一场暴风雨，气温降了不少。他们的运气明显比我们要好一点。

本打算去看看各科的老师，看班主任的表情似乎只有他自己还待在学校，其他的老师都回家去了。到科技楼拿了通知书，墙壁上的高考倒计时已经换上了新的。这里往日是我们的考场，里面的桌子都是实验桌，一个人坐很宽敞，唯一的缺点是光线有些暗，在这里考试的时候有种阴森森的感觉。

离开学校前,去了一趟班主任的办公室。班主任不在办公室,他的邻居——我的物理老师刚好在。我们聊了一些之前班上的事情,他说原本对我没有抱什么希望,后来发现他错了,我是这个班级最大的黑马。

　　对于以后的路,物理老师跟我说了一句话:这个世界上没有理所当然的爱和付出,要懂得感恩和回报。

附录

分享我的学习技巧

Q：看到班上一些学生天天熬夜苦读，这个对于提高学习成绩有没有帮助？

A：学习最怕的是盲目跟从，没有自己的学习计划。别人熬夜可能是他自己订的计划，你熬夜可能就是跟风了。你熬夜都不知道自己要干什么，发呆？看小说？还是拉上别人聊一会儿天？很多人在上晚自习的时候，容易疲倦，下课铃声一打，精气神儿一下子回来了，刹那间，变得精神抖擞，一点睡意都没有。我当时的做法是稍微熬一下夜，把当天没有完成的任务补完，或者做些明天的东西。有计划地熬夜，不耽误睡眠和第二天上课，对学习成绩的提高肯定是有帮助的。特别是基础比较差的人，要想追上前面人的步伐，花的时间一定要比别人多。

Q：我初中的成绩很好，为什么到了高中长时间不能融入这里的生活，感觉成绩在下滑？

A：高中的学习和初中的学习还是有区别的，高中要求个人的自觉性比较高。我高一的班主任属于那种不管事的，他只要结果，学习的过程让我们自己去体会。幸好，我们班的竞争环境特别强，无形中给了我很大的压力，逼迫着我去学习。刚开始进入高中的时候，全部是陌生的面孔，人生地不熟。能和你考上同一所高中的学生，基础不会比你差多少。但有些学生在暑假的时候已经开始补习高中的数学等科目了，你们之间有差距是必然的。你现在要做的是调整好自己的心态，放低自己的身姿，找到方法，努力赶超他们，时时刻刻保持自己的自信心。

Q：每次一进考场，我都会紧张，考试的时候都发挥不正常，我该怎么办？

A：出现这种现象的原因可能有几个，一个是你对于自己掌握的知识不够自信，没考试就自我怀疑，越想越紧张，最后没有发挥好；另一个原因是太注重结果，想得很多，发挥不出真实水平；还有一个原因是心理素质实在太差，心理素质和身体素质是有一定关联的，平时锻炼得少，到了关键的时候，身体就会莫名地冒虚汗，这也是导致考试发挥不好的原因之一。我考试前，一般会看些比较轻松的东西，比如看些轻松的杂志，读一些轻快的文章，听一首纯音乐，让自己的心平静下来，平时也会做一些锻炼。不要让自己的梦想败在了身体上，一个健康的体魄对于学习来说还是很有必要的。

Q：高三的时间怎么安排？

A：高三是一个总复习的时间，这个时间对于差生来说，是考上大学最后的机会；对于成绩一般的学生来说是提高成绩的最后机会；对于优等生来说，是考上985、211大学的最后机会。这个时候千万不能出现偏科的现象,把大量的时间放在一门学科上,其他的科目全都不管不问是愚蠢的做法。高考还是一个综合能力的考察,有一个好的学习计划能够帮助你赢得这场旷日持久的比赛。高三的时候,学校和老师会有一套复习方案,我们自己也得有自己的学习方案,被动的学习不如主动的学习。到了高三,基本上是一个知识的统筹过程,补缺补差,每天接触一些新题型,回顾老的知识,一边巩固自己的成果,一边去增长新的知识,为高考多做准备,高考才不会猝不及防。

Q:怎么安排日常的学习?

A:日常的学习主要要注意细节,做题就是为了找到自己的短处,然后通过练习来弥补。题海战术是最重要的提高和稳固成绩的办法,但是我们不能做题目的奴隶,要有目的地去做一些题目,不然很难有效果,也浪费时间。遇到一个好的题目,其出题思路和解题思想就显得非常重要。高考中,判断一个题目出得好坏,是从它覆盖的知识面和解题思想来判断的,所以在平时的学习中,有敏锐的洞察力是一件非常重要的事情。然后就是上课和课下的笔记整理了,这个是考试最好的复习资料,一份好的笔记能够帮助你取得事半功倍的效果,因此,平时要养成做笔记和整理笔记的良好习惯。

如何培养好的学习心态

Q：父母经常在我面前吵架，一想到那些事，我就无心学习，我该怎么办？

A：我想这时候你应该以一种包容的心态去对待这件事，以一种乐观的心态去对待学习。毕竟你目前最重要的任务是学习和参加高考，为了自己以后的发展做准备。父母吵架，可能是因为生活和工作的压力，也可能是为你的学习烦心。我建议平时放假的时候多和他们聊聊天，去试着了解他们的内心世界，也把自己在生活学习上的烦心事和他们说一说。一个人的烦心事经过多个人的"稀释"，也就不称为烦心了，一个人的快乐分享出去就是多个人的快乐。烦心不会叠加，快乐可以叠加。

Q：我是一个内向的人，在高中的学习中，我越来越内向，和同学说话我都会紧张，有什么办法可以让我摆脱困境吗？

A：其实在以前，我也是一个比较内向的人，喜欢一个人看书写作。一个人在家的时候，经常把自己关在屋子里面写作业。后来，现实逼着我去接触我周围的世界。我尝试着倾听别人的故事，听得多了，我也开始关心发生在我身边的事，他们就是我人生的故事，我也可以把他们讲给别人听。我想说的是，不要恐惧自己的缺点，不要逃避它们，勇敢地踏出第一步，努力，再努力几次，你会发现交谈的美好。学习贵在一个好心态，把这些杂音都消除了，学习的路上就顺畅多了。

Q：高一的时候，我考试一直是班上前三名，到了高二，其他人进步好快。我最近几次都考得很糟糕，我很害怕我不能坚持，我该怎么办？

A：学习一直是一个竞争的过程，高一的时候，有些人可能还没有适应高中的学习，成绩就在中上游漂浮。到了高二，很多的人真的把心放在学习上，而你这时候并没有意识到别人的努力，还是用着高一的学习习惯。有一句话叫"学如逆水行舟，不进则退"，别人在进步，你没进步就是退步了。这时候，你应该好好分析下自己在学习上遇到的困难，不要太在乎在班上的排名，找到自己学习的节奏，一步一个脚印，慢慢地赶超他们。这只是你求学路上的一个小挫折，我相信时间会告诉你，坚持梦想的人是不会被打败的。

Q：以前的化学老师走了，新来了一个化学老师，我不喜欢他的课，现在我的化学成绩一直在下降，我该怎么办？

A：你的情况，我也遇到过。一般的老师都是跟班上的，除非中途老师出了些问题，不然学校是不会换老师的，就是怕出现你的这种情况。化学老师换了，这是一个不争的事实，怎么处理好你和化学老师的关系，应该是目前你需要注意的事情。遇到这种情况，如果你不好和化学老师说，你可以找班主任聊天，说不定班主任能够给你一些帮助。自己也要做些相应的改变，去适应新来的老师的上课方式，毕竟上课不听课，损失的还是你自己。这也是考验你对新环境的一个适应能力。既然改变不了，何不换个想法：如果自己能处理好这件事，那说明处理事情的能力是不是又增强了一点，以后再遇到这种情况，也不会猝不及防了。

Q：我一直想培养一个好的学习心态，但是由于我的意志薄弱，常常陷入一时的失败中而不能自拔，我该怎么办？

A：意志薄弱，可能是因为目标不够坚定，对自己不够自信，也可能是你还不能承受住枯燥而繁琐的学习生活。当一个人把一件事当作是一个累赘或者是一个包袱的时候，很难从上面获得快乐。学习也不是一蹴而就的事情，有时候也有人品和运气的因素在里面，为什么要执着于一时的失败而不可自拔呢？我曾经也和你一样，经常在失败的原点踌躇不前，这个时间，别人一直在进步，而我还在为自己的失败犹豫、懊恼，停滞不前。我的建议是，好好做好目前要做的事情，在前进的路上，风雨总是会有的，持续的时间也是不确定的，一个阳光的心态也许可以让你心里的天气变得晴朗，前途更加光明。

具体学科答疑

Q：我在数学上花了很多时间，考试结果还是不理想，怎么办？

A：我想这是初学高中数学的人都会遇到的问题。一门学科，每一阶段的学习都有它的内在规律。比如初中时期的数学，把数学书多看几遍，把学校发的练习册上的题目都弄透了，考试细心一点，100分的题目就能考九十几分。而到了高中，这种做法明显是不够的。高中的数学试卷注重于创新，试卷上的题目往往巧而精，这些都需要靠平时做题的积累。把书上的基础知识掌握了，利用好学校买的资料，对自己掌握的知识进行一个强化和巩固。然后可以有目的地去寻找一些巧而精的试题提升自己做题的思路。思维开阔了，考试往往能收到事半功倍的效果。还是那句话，做题在精，不在多。

Q：高中的物理好难，上课听不懂，下课看不懂，怎么办？

A：高中物理确实是很多人的噩梦，一大堆的公式需要记忆，一大堆的物理现象需要记忆，稍微没有一点耐心的人就会烦恼不堪，渐渐地对物理失去兴趣，最后每次上物理课都在混日子。对于怎么学好物理，和数学基础有密切的关系。物理就是公式的代入和公式之间的互相转化，以不变量求变量。对数学计算能力要求较高。学习物理一定不能揠苗助长，一定要从基础抓起。比如关于力与运动的知识，首先把力的分析这一块吃透。因为整个高中物理的学习，永远都离不开力，力改变了物体的形状或运动状态，电磁学里面也有力的知识。物理由浅入深的学习，能够让自己一直保持对物理的学习兴趣，这很重要。初学者对于不懂的问题一定要问，要思考，吃饭、睡觉、走路都可以思考这些题目，物理就存在于我们周围的世界。

Q：怎么提高语文成绩？

A：语文对于多数理科生来说是一个硬伤。从某种角度上来说，英语还是有规律的，只要单词量上去了，几种句型变化熟练掌握，考的分数也不会太低。而语文相对难点，主观题每个人的理解方向不一样，答案只有一个，这时候要靠基础知识。语文的学习在于积累，广泛阅读可以提升你的思想和个人修养。对于语文考试，我们可以试着去记下平时阅读理解题的出题和答案套路。如果你的基础功扎实，阅读和理解能力都很强，我想选择题和文言文这一块并不能妨碍你考高分。至于后面自由发挥的题目，给了你足够的空间去表现自己，我比较喜欢这样的题目。没有唯一的答案，百花齐放。最后的作文，保险的做法是"做"文章，市面上有很多教你怎么"做"文章的参考书。每天花一点时间，做做语文阅读，把那些典型病句和错别字花点时间记下，周末的时候，看看名著和作文书。不要把它当作一个负担，它也不会把你当作一个门外汉，相信你会有收获的。

Q：我讨厌英语，不想学习英语怎么办？

A：当我讨厌一门学科的时候，一个原因是我看到这个学科的书或者听这个学科的课就犯困，根本忍不住；另一个原因是我努力了，每次考试都考不好，我对它已经失去了自信，进而失去了耐心。好吧，之前我也是这般讨厌英语，但是后来，身边的那些人经常在我面前炫耀他们的英语，让我很不服气，我想自己变得和他们一样，随口一句英语，技惊四座，引起围观。这是最开始的想法。至于学习兴趣，要靠自己慢慢地培养，看些欧美剧，平时有意识地关注欧美文化。学习英语的话，背诵课文和典型句子是很有必要的。除了上课时间，一天一个小时时间全身心花在英语学习上，把基础知识提上去。后面就是做题技巧。看一些参考书结合自己的情况，找到适合自己的捷径，英语成绩也就提上去了。

Q：怎么学习化学和生物？

A：化学和生物有很多相似的地方，两者需要背诵的地方都不少，而生物有很多也是化学上的知识。化学相对于生物来说，背诵的时候更多的在于理解，只有理解了，解题才会得心应手。而生物有些知识就特别死板，需要背诵，大题往往是把平时细小的知识点综合起来，覆盖的面也很广，某个地方的知识点忘记了，就很难往下做下去。整个高中，化学应该是比较容易学的一门学科，化学知识点与知识点之间的衔接都很紧密。无机和有机之间的联系可能没有那么紧凑，但是单从无机和有机两个专题来考虑，里面的规律很紧密，掌握了它的规律，越学越简单。生物的话，还是靠平时多记，题目不要做太多，记住平时考试的重点难点就差不多了。